中国進出企業のための
移転価格税制
ハンドブック

税理士法人 山田&パートナーズ [編]

川田　剛 [著]
春田憲重

同文舘出版

はじめに

　中国に進出している日本企業、なかでも中小企業が、移転価格課税問題でのトラブルを抱えている。それらの企業の中には、日中の移転価格税制に関する十分な知識や経験がないままに進出してしまった企業も少なくない。

　このような中小企業の助けになるように、移転価格税制について日本と中国とを対比する形でわかりやすい本を作成してもらえないか。本書は、同文舘出版編集部の新堀さんからのこのような依頼に応える形で作成されたものである。

　幸い、中国には、山田＆パートナーズから春田憲重君が、現地関連会社の総経理として赴任しており、中国語にも堪能である。そこで、中国の移転価格に関しての情報は、春田憲重君の助けを得ながら収集し、そこで得られた情報を日本のそれと比較するというところでまとめてみたという次第である。

　時間の不足や筆者の力不足等もあり、当初の意図がどの程度まで達成できたかは分からないが、若干なりとも実務家のお役に立つことができれば幸いである。

　なお、本書の作成、刊行にあたっては、同文舘出版編集部の新堀さんには大変お世話になった。彼女の励ましや督励がなければ、本書の完成は不可能だったと思われる。この場を借りて、厚く御礼申し上げたい。

平成27年2月
執筆者を代表して
川田　剛

目　次

はじめに　i

第1章　中国移転価格税制の沿革と法体系―日本との対比　1

1. 中国と日本における移転価格税制の歴史 …………………………… 2
2. 中国と日本の移転価格税制の法体系 …………………………………… 7

第2章　移転価格税制の概要―日中比較　9

1. 中国 ……………………………………………………………………………… 10
2. 日本の移転価格税制との対比 ………………………………………… 23

第3章　価格算定方法―日中比較　27

1. 中国における移転価格算定方法 ……………………………………… 28
2. 日本における移転価格算定方法 ……………………………………… 35

第4章　移転価格調査―日中比較　37

1. 移転価格税務調査リスクの高い企業 ………………………………… 37
2. 中国移転価格税務調査の流れ ………………………………………… 39
3. 移転価格税務調査における日中比較 ………………………………… 44

4. 現地における無用な税務調査トラブルを避けるために ……… 46

第5章 相互協議と事前確認（APA）−日中比較　53

　1. 相互協議 ………………………………………………………… 54
　2. 事前確認協議（APA） ………………………………………… 56
　3. 費用分担契約 …………………………………………………… 65
　4. 日本側からの視点 ……………………………………………… 68

第6章 中国事業からの清算・撤退　73

　1. 現地法人の清算と問題点 ……………………………………… 73
　2. 持分譲渡 ………………………………………………………… 74
　3. 清算・解散 ……………………………………………………… 78
　4. 中国子会社の清算・撤退に伴う日本側での税務 …………… 84

第7章 その他の問題点　99

　1. 頻繁な通達改正と大きな裁量可能性 ………………………… 99
　2. 地域レベル・担当官レベルにおける差異の存在 …………… 100
　3. 現地子会社に対するみなしPE課税 …………………………… 100
　4. 出張者に対するPE認定問題 …………………………………… 101
　5. 納税者の権利救済 ……………………………………………… 101
　6. 社会保険への強制加入 ………………………………………… 102
　7. OECDの最近の動向（BEPSプロジェクト） ………………… 103

付　録

1. 中華人民共和国企業所得税法・第6章　特別納税調整
2. 中華人民共和国企業所得税法実施条例・第6章　特別納税調整
3. 特別納税調整実施弁法（試行）
4. 中華人民共和国税収徴収管理法（移転価格関連条文）
5. 中華人民共和国税収徴収管理法実施細則（移転価格関連条文）
6. 国家税務総局発「中華人民共和国企業年度関連業務往来報告表」の発布に関する通達
7. 財政部　国家税務総局発・企業の関連者利息支出の税前控除基準についての租税政策問題に関する通知
8. 国税発〔2005〕115号－国家税務総局発・「中国居民（国民）による租税に関する相互協議手続開始の申立てについての暫定弁法」の公布に関する通達
9. 国税函〔2009〕363号－クロスボーダーの関連取引の監視及び調査の強化に関する通知（抄）
10. 所得に対する租税に関する二重課税の回避及び脱税の防止のための日本国政府と中華人民共和国政府との間の協定（「日中租税条約」）

参考資料（1）中華人民共和国企業年度関連業務往来報告表
参考資料（2）企業年度関連交易財務状況分析表
参考資料（3）企業比較性要因分析認定表
参考資料（4）相互協議手続開始申請書
参考資料（5）事前確認正式申請書
参考文献

第1章
中国移転価格税制の沿革と法体系
―日本との対比

わが国と中国における移転価格税制の歴史を対比する形でみてみると、以下のとおりとなる。

【移転価格税制の整備状況－日中比較】

時期		日本	中国
1980年代	1984年	日中租税条約の締結	
	1986年	移転価格の制度創設 事前確認制度導入（但し、ユニラテラル方式のみ）	
1990年代	1991年		移転価格税制導入 関連者取引価格に対する独立企業間原則の適用
2000年～2005年	2000年	法令解釈通達の整備	
	2001年	移転価格事務運営指針（通達）及び相互協議事務運営指針（通達）制定	
2006年～2010年	2008年	国外関連者に関する明細書の記載内容の詳細化	中華人民共和国企業所得税法及び同実施条例施行
	2009年		移転価格税制に関するガイドライン（特別納税調整実施弁法（試行））制定
2010年～	2011年	①独立企業間価格の算定方法の見直し（CUP法、RP法、CP法の基本三法優先から最適法へ）	

| | | ②利益分割法の明確化（比較利益分割法、寄与度利益分割法、残余利益分割法）
③これらにあわせて所要の通達改正 | |

1. 中国と日本における移転価格税制の歴史

(1) 中国における移転価格税制の歴史

　中国では、1979年の改革開放政策以降、多くの外資系企業が進出し、子会社や支店、工場等を設立してきた。それに伴い、わが国より5年遅れの1991年に、税務上の手当てとして、「移転価格税制」が導入された（「外商投資企業及び外国企業所得税法」第13条）。しかし、中国における多くの外資系企業は赤字を計上していた。そのため、中国の税務当局は、これらの外資系企業が、国外関連企業との取引を通じて、所得を海外に意図的に移転しているのだという認識を持つに至った。対外開放が年々進行するに伴い、移転価格を操作することにより納税を回避しようとする行為もどんどん深刻になっていくと考えた当局は、移転価格税制関連の法整備を行うとともに、執行強化を行ってきた。

　その後、内資企業に適用されていた企業所得税法と外資企業に適用されていた外国企業所得税法が一本化され、2008年1月より内資・外資両方の企業に適用する企業所得税法が施行された。また、2009年1月には、中国版移転価格税制のガイドラインに相当する「特別納税調整実施弁法（国税発（2009）2号）」が公布・施行され、移転価格の概念・運用が明確に規定された。

　「特別納税調整実施弁法」は、移転価格のみならず、過少資本税制、タックス・ヘイブン対策税制等の国際課税ルールを定めたものであるが、その大部分が移転価格についての規定であり、独立企業間価格の算定方

式、文書化のルール、事前確認制度等が規定されている。

　なお、2014年3月18日の国家税務総局全国会議において、国家税務総局副局長の張思勇氏が述べた以下のような談話などからみても、今後、中国における移転価格課税の執行に関する当局の姿勢はますます強まっていくものと考えられる。

　「企業所得税法」の施行後、特別納税調整、非居住者課税管理等の企業税収管理等一連の政策規定及び通達が公表され、国際税収法律制度のシステムは徐々に進歩し、グローバルな税源管理能力が強化されていった。

　その結果、2013年の租税回避防止に関する業務においては469億元が税収増加に貢献し、2008年の37倍となった。また、非居住者企業からの税収は、2008年の384億元から2013年の1,172億元までに増加し、年平均で25％の増加率となった。2008年世界金融危機の後に、各国は税収確保の目的等から、グローバル企業に対する管理に力を入れたことなどから、国家間の税源獲得競争は日に日に激しくなっていった。それとともに、グローバル企業のタックスプランニング及び租税回避のアレンジメントはさらに複雑かつ巧妙となり、各国の税務当局の国際税収管理当局にとって、さらなる大きな挑戦となった。

　このような状況下において、中国税務当局は、2020年までに課税現代化の目標を達成することを宣言する。そこでは、「中国の税収法体制の建設及び管理能力は開放され、発展していく歴史条件に重点を置かなければならない。」また、「中国経済のグローバル化につれ、課税管理も伝統的な主権及び地理上の国境を越えた前提で、しっかりと歴史機会を掴み、わが国の経済発展、対外開発、国際的なポジションに適し、課税現代化の発展と一致する規範的、効率的な税収法体制及び管理システムを構築しなければならない。」

　そのうえで、次の4点を重点施策としている。

　「第1に、国際課税機能の明確な地位を形成する。国際課税は2つの側面に分けられる。1つは納税者のグローバル取引に対する課税、租税回避防止により、国家の権益を守ることである。もう1つは国家間の税収配分及び協議を通じて、二重課税等の問題を解決し、納税者のためにグローバル投資または交流障害を解除し、国際経済発展を促進することである。国際課税の独特

な意味で、国際課税業務は税収に着目することだけではなく、公平公正に執行することも重要である。国際協約を守り、切実に納税者のトラブルを排除し、中国税務の良好な国際イメージを形成しなければならない。」

「第2に、規範の透明性を確保し、守りやすい国際課税法規システムを構築する。現在、最も重要視しているのは国際税務規則の調整である。<u>積極的に"税源浸食及び利益移転プロジェクト（いわゆるBEPSプロジェクト）"に参加し、国際の場で中国の意見を発信することで</u>、未来の国際課税規則は、より有利に中国の権益を守ることになる。同時に、国内における課税法律改訂作業と結合させ、国際課税の内容を増加・改善する。特定性がある租税協定、情報交換協定の協議及び修正作業を展開し、さらに協議のプロセスを改善し、特別納税調整、非居住者課税、情報交換等の関連文書を改訂修正し、対外投資税収管理制度を制定する。」

「第3に、国際課税管理体制を構築する。国家課税権益の保護及び経済促進の二大基本目標を中心として、継続的に租税回避防止、非居住者課税管理、"外へ出る"課税管理、国際課税徴収管理協定の4項目についての体制を改善し、さらにグローバル税源管理を強化する。継続的に管理、サービス、調査の三位一体の租税回避防止の作業モデルを徹底し、グローバル企業の利益水準を監視し、リスク目標としての調査を展開し、事前確認を推進し、サービスと回避防止の両方から税収遵守を促す。」

「第4に、国際課税管理能力を高める。先進の税収情報システムを利用し、専門的に管理することを基礎として、情報による税管理の能力を向上させ、正確にリスク管理を実施する。』

(2) 日本における移転価格税制の歴史

①背　景

わが国の移転価格税制は、米国のそれをモデルとし、昭和61年（1986年）に導入された(注)。

(注)　ちなみに、導入時期は中国のそれ（1991年）の5年前である。

当時、米国では、同国に進出している外国企業（中でも日系企業）を

ターゲットに活発な移転価格調査を実施し、日系企業のなかでも米国で課税されるところが出始めていた。

このような米国の動きに対抗するという意味で、一方で制度の早期創設を求める声があったものの、他方で、わが国の法制度、例えば、「タックス・ヘイブン対策税制」や「同族会社の行為計算否認規定」等によって対応可能なのではないか等の意見もあった。そのため、導入までに若干時間を要した。

しかし、タックス・ヘイブン対策税制については、その適用対象が軽課税国との間の取引に限定されていること、「同族会社の行為計算規定」では同族会社以外の会社との取引が抜けてしまうことなどの問題点が指摘された。これらの問題点を踏まえ、昭和60年（1985年）末に出された政府税制調査会答申では、「わが国でも移転価格税制を早急に導入すべし」との提案がなされ、翌年の昭和61年（1986年）に本制度が導入された。

②制度の概要

創設当時の移転価格税制は、米国のそれを基本としつつも、OECD租税委員会での新しい動き等を踏まえ、若干の修正が施されていた。

例えば、米国では、基本三法優先ではあるものの、その中でも優先順位が設けられていた。具体的には、①独立価格比準法（CUP法）、②再販価格基準法（RP法）、③原価基準法（CP法）の順となっていた。

それに対し、わが国では、基本三法優先としながらも、それらの中では特に優先順位を設けていなかった。それは、米国で最優先とされているCUP法については、理論的に最も優れた方法であることは明らかであるものの、実際にはCUP法が適用できる事例が極めて少なく、執行上、問題ありとされていたこと等を参考にしたためである。

また、制度の円滑な定着を図るという観点から、制度導入当初３年程度をいわゆる「ならし運転期間」として位置付け、更正等よりは問題点の指摘にとどめる事務運営をすることとした。

あわせて、納税者の予測可能性の向上を図るという観点から、「事前確認制度」を世界で初めて導入した。

ちなみに、創設当初における移転価格税制の基本的仕組みは、次のようになっている。

> （イ）　適用対象者……法人に限定
> （ロ）　適用対象取引……国外取引に限定
> （ハ）　国外関連者……資本支配関係だけでなく実質支配関係も考慮
> （ニ）　独立企業間価格の算定方法……基本三法プラスその他の方法
> （ホ）　みなし国外関連取引に関する規定を設けたこと
> （ヘ）　推定課税ができる旨の規定を設けたこと
> （ト）　情報提供義務

これらにあわせ、租税条約実施特例法（7条）で、相互協議で合意が成立した場合における対応的調整に関する規定も創設された。

③　その後の改正

その後、平成3年（1991年）には、更正決定等の期間制限を6年（通常は3年（創設当時））に延長する等の改正が行われた。また、平成16年（2004年）及び18年（2006年）には、独立企業間価格の算定方法の追加（取引単位営業利益法及び利益分割法の細分化等）がなされた。さらに、平成23年（2011年）には、OECDの新しい動きを踏まえ、それまでの「基本三法優先」からそれぞれの事業に応じ最も適した算定方法を採用する、いわゆる「最適法」への変更等がなされ現在に至っている（注）。

（注）　これらに加え平成25年（2013年）にはベリー比の導入、平成26年には第三者介在取引の対象範囲等の見直しがなされている。

それに伴い、関係する施行令（政令）、施行規則（省令）及び解釈通達についてもその都度改訂がなされている。

また、実務上のガイドラインとなる事務運営指針については、従来実務上行われてきていた事務運営を全国統一する運営指針が2001年に作成され、その後必要に応じて改定が行われて現在に至っている。

2. 中国と日本の移転価格税制の法体系

(1) 中　　国

　中国における移転価格税制の法体系は、複数の法令及び通達からなっており、その根拠法は企業所得税法第6章の「特別納税調整」の部分となる。同法実施条例の第6章で主な施行細則を定め、これらの法律を基礎として、国税発（2009）第2号文「特別納税調整実施弁法（試行）」が中国の移転価格における現在の包括的なガイドラインを定めている。そしてこれらの法律規定の補完を個別の通達で行っているという体系である。

(2) 日　　本

　わが国では、移転価格税制創設当時は、租税特別措置法第66条の4（創設当時は66条の5）、同法施行令、同法施行規則、法令解釈通達及び事務運営指針と相互協議に関する事務運営指針という体系になっている。

　ちなみに、日中両国におけるそれぞれの移転価格関連規定の概要は、以下のとおりである。

法令・通達		主な内容
日本	中国	
租税特別措置法66条の4（制度創設当時は66条の5）	企業所得税法第41条～48条	
同法施行令、同法施行規則	企業所得税法実施条例第109条～第123条	
	特別納税調整実施弁法（試行）（国税発（2009）2号）	中国移転価格税制の包括的ガイドライン
	税収徴収管理法	
	税収徴収管理法実施細則	
	国税発（2005）115号	相互協議に関する申請手続きの詳細
	国税函（2007）363号	移転価格調査書類の書式
	国税発（2008）86号	グループ内役務取引に関する規定
	国税発（2008）114号	企業年度関連取引往来報告表に関する規定
	国税発（2009）90号	大企業に対する移転価格税制執行管理
	国税函（2009）188号	移転価格調査後の追跡管理についての詳細
	国税函（2009）363号	グローバル企業の関連者取引の監視強化（損失計上した単一機能生産企業に対する同時文書の提出義務）
	国税函（2010）323号	同時文書のサンプル検査

第2章
移転価格税制の概要―日中比較

　国外関連者の定義については、日中間でそれほど大きな差はない（但し、細部については若干の差異が存在している。）。

【国外関連者の定義－日中比較】

項目	日本	中国
持分比率	直接又は間接に50％以上を保有	直接又は間接に25％以上を保有
資金依存	事業活動に必要な相当部分の資金を借入又は被保証	自己資金の50％以上借入、又は借入総額の10％以上が被保証
役員派遣	役員の1/2以上又は代表権を有する役員が他方の役員等を兼務又は他方により実質決定	高級管理職の過半数又は1名以上の常務董事の派遣
技術依存	事業活動の基本となる工業所有権、ノウハウ等に依存している	他方の特許権に依存して生産経営活動を行っている
取引依存	事業活動の相当部分を他法人との取引に依存して行っている	原材料や部品等の購入、製品販売の価格・条件が支配されている
その他		家族・親族・利益上の関係

1. 中 国

(1) 国外関連者の定義

中国移転価格税制上の関連者の定義について、「特別納税調整実施弁法（以下、「実施弁法」という。）第9条」では、以下のとおり定めており、このうちどれか1つでも満たした場合には、国外関連者と認定される。
- 持分比率25％以上の直接・間接の出資関係がある場合（親子会社及び兄弟会社）
- 一方の企業からの借入金が払込資本金の50％以上を占めている場合又は借入金総額の10％以上に対して、他方の企業の保証を受けている場合
- 高級管理者（董事・総経理等）の半数以上、若しくは常務董事の1名以上の派遣（兼務を含む）を受けている場合
- 一方の企業の生産経営活動が、他方の企業から提供される特許権（工業所有権、ノウハウ等）に依存している場合
- 一方の企業の生産経営における原材料、部品等の購入（購入価格、購入条件等）が、他方の企業により支配され、若しくは供給される場合
- 一方の企業の生産する製品若しくは商品の販売（価格、取引条件等）、役務が他方の企業により支配される場合
- 家族・親族関係等、利益上の関係が有る場合

(2) 関連者取引の類型

中国移転価格税制の対象とされる関連者取引には、主に次の類型がある（実施弁法10条）。

①有形資産取引：有形資産の売買、譲渡及び使用。建物建築物、輸送機器、機器設備、工具、商品、製品等の有形資産の売買、譲渡及びリースを含む

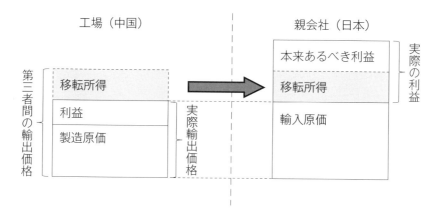

② **無形資産取引**：無形資産の譲渡及び使用。土地使用権、版権（著作権）、特許権、商標権、顧客名簿、販売網、ブランド、商業機密や技術ノウハウなどの特許権及び工業品の外観設計又は実用新案権等の工業所有権の譲渡や使用権の提供を含む

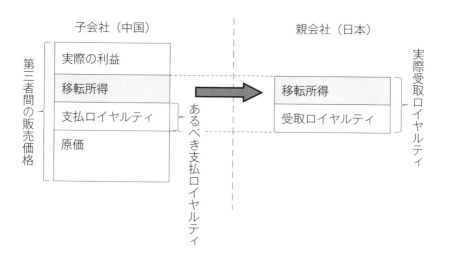

③融資取引：各種の長短期の資金借入や担保提供及び各種の利息付前払や延払等を含む

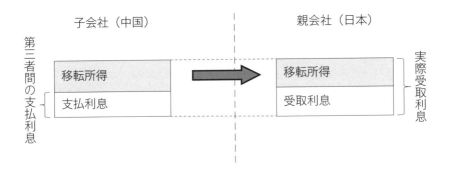

④役務提供取引：市場調査、販売、管理、行政事務、技術サービス、修理、設計、コンサルティング、代理、科学研究、法律、会計事務等のサービスの提供を含む

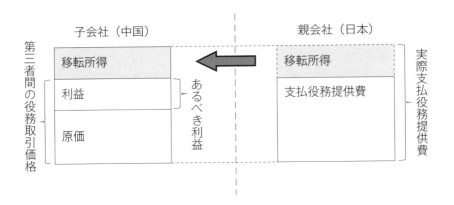

(3) 関連者取引の開示

2008年12月5日に、関連会社取引報告フォームの提出に関する通知が公布されている（企業年度関連企業取引報告表の印刷物公布に関する通知：国税発（2008）114号）。これは、企業所得税法第43条の規定「企業は、企

業所得税の年度確定申告を行う際に、必ず関連会社取引に関する報告書を提出しなくてはならない」に基づくもので、全ての企業に対して提出が義務付けられている。

納税者は年間の関連者取引について、税務機関に年度企業所得税納税申告表を提出する際、以下の9種類からなる『企業年度関連業務往来報告表』を添付して提出しなければならない（巻末参考資料（1）参照）。この書式は、わが国の法人税申告書・別表十七（三）「国外関連者に関する明細書」に相当するものである。

①関連関係表
②関連取引総括表
③仕入・販売表
④役務表
⑤無形資産表
⑥固定資産表
⑦融資資金表
⑧対外投資情況表
⑨対外支払情況表

（4） 同時文書化

関連会社取引額が一定の基準に達した企業は、その関連会社間取引の価格設定の妥当性を証明するために、納税年度毎に一定の資料を作成し、保管することが義務付けられており（実施弁法13条）、その保存期間は関連者取引発生年度の翌年6月1日から10年間とされている（実施弁法20条）。

作成の期限は、対象年度の翌年の5月31日（企業所得税の申告期限）までで、自発的に税務局に提出する必要はないが、税務局より要請があった場合は、その要請があった日より20日以内に提出する必要がある（実施弁法16条）。

同時文書には、以下の項目を記載する必要がある（実施弁法14条）。

①組織構造
- （イ）　企業が所属している企業集団の組織構造及び出資関係
- （ロ）　企業の関連関係の年度毎の変化の情況
- （ハ）　企業と取引のある関連者の情報

　　　　関連者の名称、法定代表者、董事や総経理等高級管理者の構成、登録住所及び実際の経営住所、及び個人関連者の名称、国籍、居住地、家族構成等の情況を含む。また、企業の関連者取引価格設定に直接的に影響を与える関連者を注記しなければならない。
- （ニ）　各関連者に適用される所得税的性格を持つ税金の種類、税率及び享受する税制上の優遇措置

②生産経営情況
- （イ）　企業の事業概況

　　　　企業の発展変化の概況、所属業界及びその発展の概況、経営戦略、産業政策、業界規制等企業と業界に影響を与える主な経済、法律問題及び企業集団のサプライチェーン及びその中に企業が占める位置を含む
- （ロ）　企業の主要業務の構成、主要業務収入及びそれが総収入に占める割合、主要業務利益及びそれが総利益に占める割合
- （ハ）　企業の業界における位置づけ及び関連の市場競争環境に対する分析
- （ニ）　企業の内部組織機構、企業及び関連者が関連者取引において果たす機能、負担するリスク、及び使用する資産等の関連情報。それらを参照して『企業機能リスク分析表』(次頁参照)に記入する
- （ホ）　企業グループ連結財務報告書、企業グループの会計年度の情況に応じて準備を延期することができるが、遅くても関連者取引発生年度翌年の12月31日を超えてはならない

企業機能リスク分析表

A企業名（社印）　　　　　納税者識別番号：☐☐☐☐☐☐☐☐☐☐☐☐☐☐

B1企業名：　　　　　　　B2企業名：

分類	調査項目	A企業	B1企業	B2企業
一　研究開発	（一）中核技術の研究開発			
	1　関連企業が研究開発を代行しているか			
	2　第三者に研究開発を委託しているか			
	3　誰が研究開発所有権をもつか			
	4　誰が研究開発成果に権利を有するか			
	5　誰が研究開発費用の負担者か			
	6　研究開発に実質的な成果があるか			
	7　予想収益は誰に分配するか			
	8　関連者との間で許可に関する合意があるか			
	9　第三者との間で許可に関する合意があるか			
	10　費用分担契約があるか			
	11　特許権を申請したか			
	12　誰が研究開発リスクを負うか			
	13　誰が研究開発において比較的高い立場にあるか			
	14　他にない唯一の無形資産か			
	15　研究開発活動により競争優位性を獲得できるか			
	（二）生産及び工程設計			
	1　設計の自主能力があるか			
	2　誰が製品を設計するか			
	3　誰が技術を所有するか			
	4　誰が最初の工程を開発したか			

5	誰が設計費用を負担するか			
6	設計に実質的な成果があるか			
7	予期の収益は誰に分配するか			
8	関連者との間で許可合意があるか			
9	第三者との間で許可合意があるか			
10	費用分担契約があるか			
11	特許権を申請したか			
12	誰が設計のリスクを負うか			
13	製品の設計や改訂への投資はあるか			
14	他にない唯一の無形資産か			
(三) 包装及びラベル				
1	関連企業が包装を代行しているか			
2	第三者に包装委託しているか			
3	誰が包装費用を負担するか			
4	費用分担契約があるか			
5	特許権を申請したか			
6	完全な自主権があるか			
7	誰が包装リスクを負うか			
8	関連者との間で許可合意があるか			
9	第三者との間で許可合意があるか			
(四) 品質管理				
1	誰が品質管理形式を決めるか			
2	誰が最終製品の品質基準及び工程を決めるか			
3	誰が品質管理の責任を負うか			
4	誰が品質管理の技術及び設備を提供するか			
5	誰が費用を負担するか			

		6　費用分担契約があるか			
		7　特許権を申請したか			
		8　関連者との間で許可合意があるか			
		9　第三者との間で許可合意があるか			
		10　誰が品質管理リスクを負うか			
二	生産	(一) 仕入			
		1　誰が仕入計画を作るか			
		2　誰が仕入機能を担当するか			
		3　誰が仕入費用を負担するか			
		4　仕入の決定には関連企業の承認が必要か			
		5　関連企業からの仕入があるか			
		6　第三者からの仕入があるか			
		7　誰が市場リスクを負担するか（原材料価格の変動）			
		(二) 生産設備及び計画			
		1　誰が生産設備を調達するか			
		2　誰が生産設備の修理をするか			
		3　誰が調達費用を負担するか			
		4　誰が生産計画を作成するか			
		5　関連企業から設備を調達しているか			
		6　第三者から設備を調達しているか			
		7　単に加工組立機能のみを持つか			
		8　誰が生産リスクを負担するか			
		9　誰が投資、設備等損失リスクを負担するか			
		(三) 品質管理			
		1　誰が品質管理形式を決めるか			

		2 誰が最終製品の品質基準及び工程を決めるか			
		3 誰が品質管理の責任を負うか			
		4 誰が品質管理の技術及び設備を提供するか			
		5 誰が費用を負担するか			
		6 費用分担契約があるか			
		7 特許権を申請したか			
		8 誰が品質管理リスクを負うか			
	(四) 在庫				
		1 どの企業が在庫を保管するか			
		2 誰が在庫水準を管理するか			
		3 誰が在庫水準の管理方法を決めるか			
		4 誰が在庫費用を負担するか			
		5 誰が在庫リスクを負担するか			
	(五) 輸送				
		1 誰が製品の輸送を手配するか			
		2 誰が輸送費用を支払うか			
		3 誰が輸送リスクを負担するか			
三 マーケティング	(一) マーケティング戦略				
		1 誰が市場調査を行うか			
		2 誰がマーケティング戦略を制定するか			
		3 誰が具体的なマーケティングを担当するか			
		4 誰がマーケティングリスクを負担するか			
	(二) マーケティング手段				
		1 誰がマーケティング手段を決めるか			
		2 誰がマーケティング費用を負担するか			
	(三) 商標及びのれん				

	1　商標及びのれんの所有権は誰にあるか			
	2　商標及びのれんの使用権は誰にあるか			
	3　商標及びのれんに関する使用契約があるか			
	4　ロイヤルティを徴収または支払うか			
	5　誰がロイヤルティの内容、比率を決めるか			
	6　誰が関連するリスクを負担するか			
四　販売及び小売	(一) 販売及び小売			
	1　誰が販売計画を作成するか			
	2　誰が販売費用を負担するか			
	3　どの関連企業に製品を販売するか			
	4　誰が注文を受けるか			
	5　誰が領収書を発行するか			
	6　誰が市場リスクを負担するか（製品価格の変動）			
	(二) 在庫			
	1　どの企業が在庫を保管するか			
	2　誰が在庫水準を管理するか			
	3　誰が在庫費用を負担するか			
	4　誰が在庫リスクを負担するか			
	(三) 輸送			
	1　誰が製品の輸送を手配するか			
	2　誰が輸送費用を支払うか			
	3　誰が輸送リスクを負担するか			
	(四) 据付及びアフターサービス			
	1　誰がアフターサービスを提供するか			

	2 誰がサービス費用を負担するか			
	3 誰がリスクを負担するか			
五 管理その他のサービス	(一) 一般管理			
	1 完全な管理機能を有するか			
	2 誰が管理費用を負担するか			
	3 誰が管理リスクを負担するか			
	(二) 価格政策			
	1 誰が製品価格を決めるか			
	2 誰が価格政策を決めるか			
	3 誰がリスクを負担するか			
	(三) 融資			
	1 誰から借り入れているか			
	2 誰が利息を支払うか			
	3 誰に貸し出しているか			
	4 誰が利息を徴収するか			
	5 誰が融資費用を負担するか			
	6 貸借契約があるか			
	7 誰が財務リスクを負担するか（為替レート及び利息変動リスク）			
	8 誰が信用リスクを負担するか			
	(四) 人事			
	1 関連企業からの出向者はいるか			
	2 誰が出向者給与を負担するか			
	3 誰が研修を提供又は受けるか			
	4 誰が研修費用を負担するか			
	(五) 資産リース			
	1 資産のリースはあるか			
	2 誰がリース料を負担するか			
	3 誰がリスクを負担するか			

企業責任者の署名：　　　　　　　　　　　　　　　記入日付：

記入説明
1. 本弁法の規定により同時文書を準備する企業は本表に記入しなければならない。
2. 本表は機能・リスク分析のフォーマットであり、具体的な内容は実情により増減させることができる。
3. 本表でいうA企業は調査対象企業であり、B１、B２等はA企業の関連企業である。関連企業の数は実情により増減してよい。
4. 記入符号：「✓」は当該機能・リスクを有し、「×」は当機能・リスクを持たないことを示す。

③関連者取引の情況
　（イ）　関連者取引の類型、参加者、時期、金額、決済通貨、取引条件等
　（ロ）　関連者取引の貿易方式、年度の変動情況及びその理由
　（ハ）　関連者取引の業務プロセス。各段階における情報の流れ、物流及び資金の流れ、非関連者取引の業務プロセスとの異同を含む
　（ニ）　関連者取引に関連する無形資産及びそれが価格決定に与える影響
　（ホ）　関連者取引に関連する契約あるいは協定の副本及びその履行情況についての説明
　（ヘ）　関連者取引の価格決定に影響を与える主な経済及び法律要因に対する分析
　（ト）　関連者取引及び非関連者取引の収入、原価、費用及び利益の配分情況。直接的に配分できない場合、合理的な比率に基づいて配分し、当該配分比率を確定した理由を説明し、かつ、それらを参照して『企業年度関連取引財務状況分析表』に記入（巻末参考資料（2）参照）

④比較可能性の分析
　（イ）　比較可能性について考慮するべき要素は、取引される資産あるいは役務の特性、取引参加者の果たす機能と負担するリスク、契約条項、経済環境、経営戦略等を含む
　（ロ）　比較企業の果たす機能、負担するリスク及び使用する資産等の関

連情報
(ハ) 比較取引の説明

例えば、有形資産の物理的特性、品質及び効用。融資業務の正常な利益水準、金額、通貨、期限、担保、融資者の信用力、返済方式、利息計算方法等。役務の性質及び程度。無形資産の類型及び取引の形式、取引によって得る無形資産の使用権、無形資産の使用による収益

(ニ) 比較情報の出所、選定の条件及び理由
(ホ) 比較データの差異調整及び理由
（企業比較性要因分析表、巻末参考資料（3）参照）

⑤移転価格算定方法の選定と使用
(イ) 移転価格算定方法の選定及び理由

企業が利益に基づく方法を選定した場合、企業グループ全体の利益、あるいは余剰利益の水準に対する貢献を説明しなければならない。

(ロ) 比較情報が、選定された移転価格方法をどのようにフォローするか
(ハ) 比較可能性のある非関連者取引価格、あるいは利益を確定する過程で設定した仮説及び判断
(ニ) 合理的な移転価格算定方法及び比較可能性分析の結果を適用して比較可能性のある非関連者取引価格あるいは利益を確定したこと及び独立企業間取引原則に従っていることの説明
(ホ) その他移転価格算定方法の選定をフォローする資料

なお、以下のいずれかに該当する企業は、同時文書の準備が免除される（実施弁法15条）。

(イ) 年間の関連者仕入及び販売額（来料加工業務は年度輸出入通関価格に基づいて計算する。）が2億元以下であり、かつ、その他の関連者取引金額（関連者間融資は受取及び支払利息額に基づいて計算

する。）が4千万元以下の場合。なお、上記の金額には、企業が当年度中に実施した費用分担契約あるいは事前確認に関する関連者取引の金額は含まない
(ロ)　関連者取引が事前確認対象である場合
(ハ)　外資持分が50％未満、かつ、中国国内関連者とのみ関連者取引を行っている場合

2. 日本の移転価格税制との対比

　わが国の移転価格税制も、中国と同じく、基本的にはOECD移転価格ガイドラインをベースにしている。したがって、基本的には両国の制度に大きな差はない。しかし、細部については差異もみられる。具体的には、次のような点である。

①適用対象者の範囲

　例えば、わが国の移転価格税制では、法人のみを対象としている（措法66の4で、本税制の適用対象を「法人」と規定）のに対し、中国では、法人のみならず、個人も同税制の適用対象としている。

②適用対象取引

　適用対象取引についてわが国では同税制の適用対象は、国際取引のみである（国内取引については、別途、通常の国内法で対応）。それに対し中国では、国際取引だけではなく、国内取引に対しても移転価格税制の適用対象としている。この点でわが国と大きく異なる。

　現在までのところ、中国に進出した外資企業の子会社等に対し国内取引を対象に移転価格課税がなされた事例はないようであるが、中国国内での取引を行う場合、これらの点についての配慮も必要となってくる。

③国外関連者の範囲

　中国でも、わが国の場合と同じく、国外関連者か否かについては、「資本支配関係」だけでなく、「人的支配」、「取引支配」等といった「実質支配関係」も考慮したところで判定するとしている。

しかし、その範囲は、わが国のそれよりも広くなっている。例えば、「資本支配関係」の場合、わが国では、持分要件が「50％以上」となっているのに対し、中国のそれは「25％以上」となっている。また、「実質支配関係」について、わが国では、「人的支配（役員の２分の１以上又は代表権を有する役員）」、「取引支配（事業活動の相当部分）」、「資金供与による支配（資金の相当部分）」、「その他これらに類する事実（著作権、ノウハウ等）」としている（措法66の４①、措令39の12①三及び措通66の４(1)－(3)）。

　それに対し、中国では、実質支配関係は、「人的支配関係」では、董事又は総経理の過半数又は１名以上の常務董事の派遣でも人的支配があったとされる。さらに、「取引支配関係」では、「知財提供等による生産活動支配」だけでなく、「原材料、部品等の供給による支配」又は、「中国で生産された製品及び商品の引取りによる支配」もこれに含まれる。次に、「資金支配関係」では、「借入金の50％以上」又は「借入金総額の10％以上の保証」も支配とされている。さらに、その他の「実質支配関係」についてかなり包括的な規定が設けられている。

　なお、これらに加え、中国では、「みなし国外関連取引」も移転価格税制の対象とされている。

④文書化（同期資料）

　移転価格税制に係る文書化義務制度は、1994年に米国でスタートした制度であるが、現在では、移転価格税制を導入しているほとんどすべての国でこの制度が採用されている。ちなみに、わが国では、当初は運用段階で行われていたものが、平成16年（2004年）の税制改正で制度化された。具体的には、従前通達ベースで規定されていたものが、平成22年（2010年）の改正で省令レベルに格上げされた。

　中国への現地進出企業が、関連者間取引価格等に関する資料を提出しない場合、又は事実関係を正確に説明しない場合等においては、当局は、収入金額又は所得金額を推定したうえで、合理的な方法により独立企業間価格を算定し、課税することができるとされている（企業所得税法43条、44

条及び税収徴収管理法実施細則47条)。

　そのうえで、国家税務総局は「特別納税調整実施弁法第15条」において、移転価格税制上必要とされる文書化について、取引金額2億元以上(貸付金利息や役務確保取引にあっては、4千万元以上)の企業にその作成及び10年間の保存を義務付けるとともに、税務当局から要請があった場合には、20日以内の提出を義務付けている。これらの義務に違反した場合には、推計課税の対象にするとともに、通常の延滞税率に5％上乗せした割合が課されるなど、わが国のそれに比し、かなり厳しい内容となっている。

　中国における不服申立や訴訟の現状等を考えた場合、これらの規定は実質的にかなり重要な意味を有している(注)。
　(注)　この点について、経産省貿易経済協力局貿易振興課が作成した「新興国における課税問題の事例と対策(詳細版)」では、次のような注意喚起がなされている。
　イ　企業が、税務当局の課税措置に不服がある場合には、異議申立を行うことができる。しかし、異議申立を行うとそれ以降の税務当局の監視がより厳しくなること、他の案件で課税措置を受けてしまう恐れがあること等を危惧して、異議申立を行いづらいとの声がある。
　ロ　また、行政訴訟に申立てしたとしても、裁判官は税務の専門家ではないため、妥当な判決が下される可能性が低いと指摘される。

⑤BEPSにおける移転価格

　移転価格関連の文書化のあり方については、OECDの「税源浸食及び利益移転(Base Erosion and Profit Shifting；略称、BEPS)」プロジェクトにおいても言及がなされている。ちなみにそこでは、多国籍企業に対し、「国ごとの所得、経済活動、納税額の配分に関する情報」を共通様式に従って各国政府に報告させる方向で議論がなされている(OECD BEPS行動指針　13．2014年9月期限、「第7章　その他の問題点　7．OECDの最近の動向(BEPSプロジェクト)参照)。

　もし、これらの方向でOECDの結論がまとまった場合、中国進出企業に

とって文書化義務の範囲が大幅に拡大することから、事務負担が大幅に増加するほか、課税リスクも高まるのではないかと見込まれる。

⑥その他（費用分担（コスト・シェアリング）契約）

　費用分担（コスト・シェアリング）契約（Cost Contribution Arrangement; CCA）について、わが国では通達レベルにおいて規定されているにすぎない。また、そこで作成されている文書等についても、当局への提出は特に必要とされてはいない（事務運営指針2－14〜18）。

　それに対し、中国では、特別納税調整調達実施弁法第69条（第5章　相互協議と事前確認（APA）－日中比較参照）により、同国外関連者との間でコスト・シェアリング契約を締結した場合には、国家税務総局に30日以内に報告するとともに、その後も毎年国家税務当局にその進行状況等について報告する義務が課されている。

第3章
価格算定方法―日中比較

　独立企業間取引の算定方法について、わが国では平成23年（2011年）の税制改正により、それまでの基本三法優先適用を改め、算定方法がいかなる方法であるかを問わず、当該取引に最も適した算定方法を採用するといういわゆる最適法が採用された。

　同様に、中国でも、当初はわが国の旧制度と同じく、基本三法が優先的に適用され、「その他の方法」は、基本三法が適用されない場合に限り適用するとされていた。しかし、その後（2011年）、OECD移転価格ガイドラインに示された考え方に従い、わが国と同じく、基本三法優先の考え方を改め、最も適切な算定方法によることとされている。

　ちなみに、日本・中国及びOECD移転価格ガイドラインにおける独立企業間価格の算定方法は、次のようになっている。

日本	中国	OECD移転価格ガイドライン	略称
独立価格比準法	独立価格比準法	Comparable Uncontrolled Price Method	CUP
再販売価格基準法	再販売価格法	Resale Price Method	RP
原価基準法	原価加算法	Cost Plus Method	CP
利益分割法	利益分割法	Profit Split Method	PS
（寄与度利益分割法）		Contribution Profit Split Method	CPS
（比較利益分割法）		Comparable Profit Split Method	CPS

| （残余利益分割法） | 残余利益分割法 | Residual Profit Split Method | RPS |
| 取引単位営業利益法 | 取引単位純利益法 | Transactional Net Margin Method | TNMM |

　なお、実際の運用局面においては、日中両国とも取引単位営業利益法（TNMM）が採用されている例が多いようである。

1. 中国における移転価格算定方法

　中国で認められている移転価格算定方式は、独立価格比準法、再販売価格基準法、原価基準法、取引単位営業利益法、利益分割法の5つ、及び独立企業間原則に合致するその他の方法と定められている（実施弁法21条、日本での呼称に統一）。5つの算定方法のうち、独立価格比準法のみが直接的に移転価格自体を独立企業間価格と比較する方法であり、それ以外の方法は、間接的に関連者取引から得られた利益と独立企業間取引から得られた利益を比較する方法である。

　合理的な移転価格算定方法を選定するには、まず関連者取引価格（あるいはそこから得られる利益）と独立企業間価格（取引）について、比較可能性分析を行わなければならず、実施弁法では、比較可能性分析の要素として、主に以下の5つの側面を挙げている（実施弁法22条）。

①取引資産又は役務の特性

　主に有形資産の物理的な特性、品質、数量等、役務の性質、範囲、無形資産の種類、取引形式、期間、範囲及び予測収益等を含む。

②各取引参加者の機能及びリスク

　機能は主に、研究開発、設計、仕入、加工、組立、製造、在庫管理、販売、アフターサービス、広告、運輸、保管、融資、財務、会計、法律及び人事管理等を含む。機能を比較するときに、企業が当該機能を果たすために使用する資産が類似する程度に留意しなければならない。リスクは主

に、研究開発リスク、仕入リスク、生産リスク、販売リスク、市場リスク、管理及び財務リスク等を含む。

③契約条項

主に、取引の対象、取引数量、取引価格、代金回収・支払方法及び条件、商品引渡条件、アフターサービスの範囲及び条件、付帯的な役務提供、契約変更、契約修正の権利、契約有効期限、契約の終了又は更新する権利等を含む。

④経済環境

主に、業界概況、地域、市場規模、市場段階、市場占有率、市場の競争程度、消費者の購買力、商品又は役務の代替可能性、生産要素の価格、運輸コスト、政府規制等を含む。

⑤経営戦略

主にイノベーションと開発戦略、多角化経営戦略、リスク回避戦略、市場占有戦略等を含む。

(1) 独立価格比準法 (Comparable Uncontrolled Price Method)（実施弁法23条）

第三者である売り手と買い手が、同様の条件下で行う、同一種類の商品の取引価格をベースに、関連者間取引価格の妥当性を検証する方法である。関連者取引と類似した非関連者取引が存在する場合には、最も信頼できる方法であり、全ての業種に適用できる方法であるが、現実的には、同一商品を同一条件で販売しているケースを探し出すことは、非常に困難である。

また、独立価格比準法における比較可能性分析は、とりわけ関連者取引と非関連者取引において取引される資産又は役務の特性、契約条項及び経済環境の差異等を考慮し、重大な差異がある場合には、当該差異が価格に与える影響を合理的に調整しなければならない。合理的な差異調整ができない場合には、独立価格比準法は採用できないことになる。独立価格比準法は、求められる比較可能性の条件が厳格であるため、あまり採用されて

いないのが現状である。比較可能性分析において考慮すべき内容は、取引の種類によって具体的に、以下のとおりとされている。

①有形資産の売買又は譲渡
　（イ）　売買又は譲渡の過程
　　　　取引時点と場所、引渡条件、引渡手続、支払条件、取引数量、アフターサービスの時点と場所等を含む。
　（ロ）　売買又は譲渡の段階
　　　　出荷段階、卸売段階、小売段階、輸出段階等を含む。
　（ハ）　売買又は譲渡する商品
　　　　品名、ブランド、規格、型番号、性能、構造、外観、包装等を含む。
　（ニ）　売買又は譲渡の環境
　　　　民族風習、消費者の好み、政局の安定性及び財政、税制、外貨政策等を含む。
②有形資産の使用
　（イ）　資産の性能、規格、型番号、構造、種類、減価償却方法
　（ロ）　使用権を提供する時点、期限及び場所
　（ハ）　資産所有者が資産へ投下した支出、修理費用等
③無形資産の譲渡と使用
　（イ）　無形資産の種別、用途、適用業務、予測収益
　（ロ）　無形資産の開発投資、譲渡条件、独占の程度、関連国の法律に保護される程度及び期限、譲受原価及び費用、機能・リスクの情況、代替可能性等
④資金の融通
　融資の金額、通貨、期限、担保、融資人の信用力、返済方式、利息計算方法等
⑤役務の提供
　業務の性質、技術的要求、専門性の水準、負担する責任、支払条件及び方法、直接及び間接コスト等

(2) 再販売価格基準法（Resale Price Method）（実施弁法24条）

販売会社に適した方法で、第三者間取引を行う企業の売上総利益率をベースに、関連者間取引の価格設定の妥当性を検証する方法である。

実施弁法では、関連者から購入した商品を非関連者に再販売する際の価格から、比較可能な非関連者取引における売上総利益を引いた後の金額を関連者の商品購入の公正取引価格とすると規定されている。

〔公式〕

●公正取引価格

＝非関連者への再販売価格（A）×（1 －比較可能な非関連者取引の売上総利益率（B））

●比較可能な非関連者取引の売上総利益率（B）

$$= \frac{比較可能な非関連者取引の売上総利益（C）}{比較可能な非関連者取引の純売上高（D）} \times 100\%$$

ここで、以下のような検証対象取引及び比較対象取引がある場合において、再販売価格基準法による公正取引価格は、

$$100(A) \times \left\{ 1 - \frac{150 - 90(C)}{150(D)} \times 100\% \right\} = 60$$

となる。

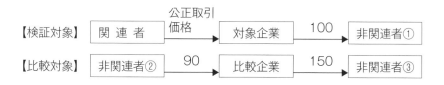

再販売価格基準法における比較可能性は、主に関連者間取引と非関連者取引の間における機能とリスク、契約条項上の差異及び売上総利益率に影響を与えるその他の要因に着目しており、独立価格比準法ほど製品の比較可能性に対して厳格ではないが、検証対象取引と比較対象取引の間で、売

上総利益が大きく異なる場合には、やはり当該差異について合理的な調整を行う必要がある。合理的な差異調整ができない場合には、再販売基準法は採用できないことになる。

実施弁法では、再販売基準法は、商品に対して外観や性能、構造の変更又は商標の変更等の実質的な付加価値を増加しない、簡単な加工又は単純な売買業務にのみ適用されるとされている。

(3) 原価基準法（Cost Plus Method）（実施弁法25条）

製造業に適した方法で、製造原価に対する売上総利益率をベースに妥当性を検証する方法である。

実施弁法では、関連者間取引より発生した合理的な原価に比較可能な非関連者取引における売上総利益を加算した金額を、関連者間取引の公正取引価格とすると規定されている。

〔公式〕

●公正取引価格

＝関連者間取引の合理的な原価（A）×（1＋比較可能な非関連者取引のマークアップ率（B））

●比較可能な非関連者取引のマークアップ率（B）

$$= \frac{比較可能な非関連者取引の売上総利益（C）}{比較可能な非関連者取引の原価（D）} \times 100$$

ここで、以下のような検証対象取引及び比較対象取引がある場合において、再販売価格基準法による公正取引価格は、

$$60(A) \times \left\{ 1 + \frac{120 - 80(C)}{80(D)} \times 100\% \right\} = 90$$

となる。

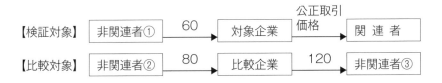

原価基準法における比較可能性は、主に関連者取引と非関連者取引の間における機能とリスク、契約条項上の差異及びコストマークアップ率に影響を与えるその他の要因に着目しており、類似した非関連者取引の売上総利益に着目する点等からも、再販売価格基準法と同様の考え方を持っている。検証対象取引と比較対象取引の間で、売上総利益が大きく異なる場合には、やはり当該差異について合理的な調整を行う必要がある。合理的な差異調整ができない場合には、原価基準法は採用できないことになる。

実施弁法では、原価基準法は、有形資産の売買や譲渡と使用、役務提供あるいは融資の関連者間取引に適用されるとされている。

(4) 取引単位営業利益法（Transactional Net Margin Method）（実施弁法26条）

取引ごとの営業利益を検証し、比較対象となる非関連者間取引の利益水準と比較することにより、取引の妥当性を判断する方法である。利益に着目する考え方は、再販売基準法や原価基準法に類似しているが、売上総利益ではなく、営業利益を使用するところが異なっている。

比較可能な非関連者取引の利益率指標により関連者間取引の純利益を確定する方法で、利益率指標は、

$$資産収益率 = \frac{営業利益}{営業資産}$$

$$営業利益率 = \frac{営業利益}{売上高}$$

$$トータルコストマークアップ率 = \frac{営業利益}{売上原価 + 販売費及び一般管理費}$$

$$ベリー比率 = \frac{売上総利益}{営業費用}$$

等が用いられる。

取引単位営業利益法における比較可能性は、主に、関連者間取引と非関連者取引の間の機能とリスク及び経済環境の差異及び営業利益に影響を与えるその他の要因に着目しており、検証対象取引と比較対象取引の間で、

売上総利益が大きく異なる場合には、やはり当該差異について合理的な調整を行う必要がある。合理的な差異調整ができない場合には、取引単位営業利益法は採用できないことになる。

実施弁法では、取引単位営業利益法は、有形資産の売買や譲渡と使用、役務提供等の関連者間取引に適用されるとされている。この方法は、移転価格以外の要因の影響が営業利益に反映されている可能性があるため、他の方法に比べて信頼性が低いとされているが、比較対象企業、取引の選定要件が他の方法に比べて厳格ではないこと等から、現在の中国の移転価格算定方法の中では、最も広く採用されている方法である。

(5) 利益分割法（Profit Split Method）（実施弁法27条）

関連者間取引から得られる合算利益を、当該取引に参加した各関連者の貢献度に応じて、合理的に各関連者に配分を行う方法であり、一般利益分割法と残余利益分割法に分かれる。

一般利益分割法は、関連者取引の各参加者が担う機能、負担するリスク及び使用する資産に基づき、各者に配分する利益を確定する。

残余利益分割法は、関連者取引から各参加者が得る合算利益から、各者に配分する通常利益を控除した残額を残余利益とし、各者の残余利益への貢献度に基づきそれを分配する。

【残余利益分割法】

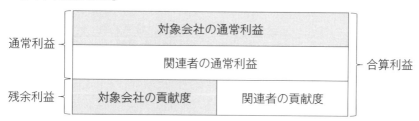

利益分割法における比較可能性は、主に、取引の各参加者における機能とリスク及び使用する資産、原価、費用、所得及び資産の各参加者間の配

分、会計処理、残余利益に対する貢献度を確定する際に採用する情報及び仮定条件の信頼性に着目しているが、具体的な計算規定は実施弁法にも定められていない。理論的に信頼できる方法であるが、会社の内部資料を基にする点や、各取引参加者の機能やリスクをどのように計数化するのかという点において、立証性に乏しい。

　実施弁法では、利益分割法は、関連者取引が高度に統合されており、かつ各取引参加者の取引結果に対する個別の評価が難しい場合に適用されるとされている。

2. 日本における移転価格算定方法

　独立企業間価格の算定方法については、CUP法、RP法、CP法のいわゆる基本三法、利益分割法及び取引単位営業利益法及び利益分割法のうちの残余利益分割法については、日中両国とも共通して採用されている。

　但し、利益分割法のうち、寄与度利益分割法及び比較利益分割法については、OECD及びわが国では採用されているものの、中国ではまだ法令上正式な算定方法として採用されていない。

第4章
移転価格調査―日中比較

1. 移転価格税務調査リスクの高い企業

(1) 中　　国

　中国では、特別納税調整実施弁法（施行）（国税発（2009）2号）第29条で、次のような企業が重点調査対象になるとしている。
①関連者との取引金額が大きい、あるいは取引類型が多岐にわたっている企業
②長期的欠損がある企業、少ない利益しか出していない企業、利益の変動が激しい企業
③利益水準が同業他社より低い企業等
④利益水準が、その企業の負担する機能及びリスクと明らかに対応していない企業
⑤タックスヘイブン所在の関連者と取引がある企業
⑥規定に従った申告を行わない企業、あるいは同期資料（同時文書）を準備していない企業
⑦独立企業間取引の原則に明らかに合致していないと思われるその他の企業

　最近では、これらの資料に明示されてはいないものの、ハイテク企業認定管理弁法に基づく認定を受けた企業に対しても、申請（認定）時に提出された資料と移転価格同期資料における記載事項との問題に矛盾があるも

の等について、重点調査対象の候補に選定されているようである（経産省「新興国における課税問題の事例と対策（詳細版)14頁」）。

また、企業の関連者の収益性が悪く、日本親会社からの発注によってのみ製品の生産を行うような単一機能生産企業において、欠損が発生している場合には、移転価格税務調査において、思わぬ指摘を受けることがある。単一機能生産企業とは、関連者の注文に基づき加工製造を行い、経営政策の決定、製品の研究開発、販売等の機能を担わない企業をいい、政策決定の誤り、稼働不足、製品の滞留等を原因とするリスクと損失を負担せず、通常は一定の利益率を維持すべきであるとされている。このような企業に対して欠損が発生している場合には、経済分析に基づいた適切な比較価格あるいは比較企業を税務機関が選定し、企業の利益水準を確定することになる（実施弁法39条）。

なお、実際の税負担が同等である中国国内関連者間の取引は、直接あるいは間接的に国家全体の税収の減少を招かない限り、原則として移転価格調査及び調整を行わないとされている（実施弁法30条）。

(2) 日　本

わが国の場合、移転価格調査においてどのような業種又は納税者を調査対象に選定するかについては明らかにされていない。

しかし、事務運営指針（2-1）をみてみると、次のような場合、調査対象となる可能性が高い。

①法人の売上総利益率又は営業利益率等が類似取引に係る利益率等に比して過少になっているもの（同指針2-10(2)）。
②利益率等が類似取引と差がなくても、機能、リスク等を勘案した場合、過少となっているもの（同指針2-1(3)）。

2. 中国移転価格税務調査の流れ

【中国移転価格税制の管轄税務機関】

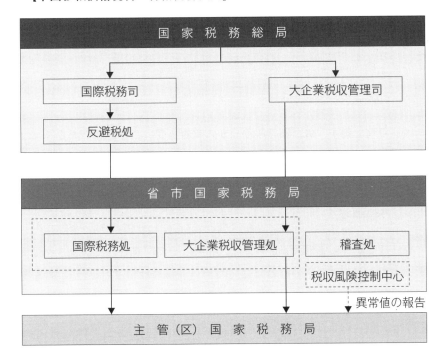

(1) 予備調査

　税務機関は、日常の徴収管理業務と合わせて、書類審査を行い、調査対象企業を選定する。書類審査は、主に調査対象企業が過年度に提出した年度所得税申告資料及び関連者間取引報告表等の納税資料に基づき、企業の生産経営状況、関連者間取引等の状況に対して総合的に評価、分析される。企業はこの段階で、税務機関に同時文書の提出を行うことができる（実施弁法31条）。

　各地方の税務機関は、その管轄地域内で移転価格のリスクが高い企業を移転価格調査対象候補先企業としてリストアップし、国家税務総局に報告する。この場合、主に２つのルートがあり、１つは、省市国家税務局内に

設置された「税収風険控制中心（課税リスクコントロールセンター）」が定期的に企業から提出されたデータを基に異常値がないかどうかを検証し、異常値が認められた企業に対して、主管（区）国家税務局に通知を行うパターンと、もう１つは、毎年主管（区）国家税務局が独自に移転価格リスクが高いと考えられる企業を選定し、省市国家税務局に報告を行うパターンである。

（2） 正式立件

国家税務総局が、省市国家税務局から報告を受けた移転価格調査対象候補先企業について審査を行い、最終的な移転価格調査対象企業を決定する。

（3） 書類調査

税務機関が移転価格調査を行う際、企業とその関連者、及び関連者間取引の調査に関係するその他の企業（以下、「比較企業」という。）に関連資料の提供を要求する権限がある。その際には、税務機関から『税務事項通知書』が交付される（実施弁法33条）。

企業は、『税務事項通知書』に規定した期限内に関連資料を提出しなければならず、特殊な事情により期限どおりに提出できない場合は、30日を超えない範囲内で、税務機関に書面による延期申請を提出し、その承認を受けた後に延期することができる。一般的に税務機関との約定期間は60日を超えない範囲内とされている（実施弁法33条）。

（4） 現場調査

税務機関は、選定された調査対象企業に対して、現場調査を実施する。現場調査は２名以上で行われ、調査員は『税務検査証』を提示し、企業に対して『税務検査通知書』を交付しなければならない。

現場調査は、ヒアリングや、帳簿資料の取り寄せ及び実地検査等の方式で行われ、ヒアリングを行った内容や問題点については、『ヒアリング

（調査）記録』に記入され、2名以上の調査員が署名を行い、調査対象企業の確認チェックが必要である。

また、税務機関は記録、録音、録画、撮影あるいはコピーの方法により、案件に関わる資料を請求することができる。但し、原本の保管者及び出所を明記しなければならず、また原本の保管者又は提供者が確認し、「原本と相違がない」ことを記載し、押印しなければならない（実施弁法32条）。

(5) 税務機関による移転価格分析、評価

税務機関は、認められている移転価格算定方法を使って、企業の関連者間取引が独立企業間原則に合致しているかどうかを分析、評価する。分析、評価においては、公開情報・資料の利用も非公開情報・資料の利用もできる（実施弁法37条）。

税務機関が関連者間取引を分析、評価する際、対象企業と比較企業が用いる運転資本の差異によって生じる営業利益の差異に対しては、原則として調整を行わない（実施弁法38条）。

ここで注意が必要なのは、中国の移転価格調査においては、関連者の注文に基づき加工製造を行い、経営政策の決定、製品の研究開発、販売等の機能を担わない企業（いわゆる単一機能生産企業）は、政策決定の誤り、稼働不足、製品の滞留等を原因とするリスクと損失を負担せず、通常は一定の利益率を維持すべきであると考えられている点であり、日系企業の現地担当者と税務当局の考えに最も大きな違いがある点の1つである。欠損が発生している企業に対しては、経済分析に基づいた適切な比較価格あるいは比較企業を税務機関が選定し、企業の利益水準を確定する（つまり、推計課税を行う。）とされている（実施弁法39条）。

また、企業と関連者の間で代金の受取りと支払いを相殺している場合、税務機関は、原則として相殺前の金額により比較可能性分析と所得調整を行う（実施弁法40条）。

なお、税務機関が四分位法（利益率等の幅を4つに分割し、中央の2つ

である50％部分を採用する方法）を採用して企業の利益水準を分析、評価する際、企業の利益水準が比較企業の利益率範囲の中央値を下回る場合、原則として中央値以上の水準に基づいて調整する（実施弁法41条）。

(6) 調査の決着

①当該調査において調整・指摘事項がない場合（企業の関連者間取引が独立企業間原則に合致）

　　税務機関が「特別納税調査結論通知書」を企業に対して公布し、調査は終了となるが、一般的には、指摘事項が何もないということは考えにくい。なお、この場合には、(7) 追徴課税及び (8) 追徴管理の手続は行われない。

②当該調査において調整・指摘事項がある場合（企業の関連者間取引が独立企業間原則に合致しておらず、税収又は課税所得額が減少）

　　税務機関は、以下の手続に従って移転価格納税調整を行う。

（イ）　税務機関が特別納税調整の初歩調整案を定める。

（ロ）　初歩調整案に基づき企業と協議する。調査員が『協議内容記録』を作成し、双方の交渉責任者が署名、確認を行う。

（ハ）　企業が初歩調整案に対して異議がある場合、税務機関が規定する期限内にさらに関連資料を提出する。税務機関は、関連資料を受領した後、再度審査し、速やかに審議決定を行う。

（ニ）　審議決定に基づき、税務機関が企業に『特別納税調査初歩調整通知書』を交付する。企業が初歩調整意見に異議がある場合、通知書を受領した日から7日以内に書面でそれを提出する。税務機関は、企業の意見を受け取った後、再度協議し審議しなければならない。企業が期限を過ぎても異議を提出しない場合、初歩調整意見に同意したものとみなされる。

（ホ）　最終的な調整案を決め、企業に『特別納税調査調整通知書』を交付する。

(7) 追徴課税

　企業は、移転価格調整により追徴される税額と利息を税務機関の調整通知書に規定された期限内に納付しなければならない。

　2008年1月1日以降に発生した取引に対して追徴する企業所得税に対しては、1日ごとに利息が加算され、利息の計算期間は、税額の帰属する納税年度の翌年6月1日から追加納税（仮納付）額の支払日までである。利率は、税額の帰属する納税年度の12月31日に適用される、税額追徴期間と同じ期間の中国人民銀行の人民元貸付基準利率に5％を加えて計算する。

　なお、企業が、規定に基づき同時文書及びその他の関連資料を提出する場合、あるいは企業が同時文書の準備を免除されたが税務機関の要求に応じてその他の関連資料を提出する場合、5％の罰則利息を加えず、基準利率のみによって利息を計算することができる。

(8) 追跡管理

　税務機関は企業に対して移転価格調整を行った後、調整を受けた最終年度の翌年から5年間にわたり追跡管理（いわゆるモニタリング）を実施する。追跡管理期間中、企業は追跡年度の翌年の6月20日までに税務機関に追跡年度に関わる同時文書を提出しなければならない。税務機関は同時文書と納税申告書類に基づき、以下の内容を重点的に分析、評価する。

　①企業の投資、経営状況及びその変化
　②企業の納税申告額の変化
　③企業の経営成績の変化
　④関連者取引の変化等

　税務機関は、追跡管理期間中に企業の移転価格に異常等を発見した場合、適時企業に連絡し、企業に自主的調整を要求するか、あるいは関連規定に基づき移転価格の調査・調整を行わなければならない。

　移転価格税制の対象は、有形資産の売買、無形資産の譲渡と使用、金融行為、役務提供と広範囲にわたっており、移転価格の税務調査は、対象が

関連者との全取引にわたる可能性もあり、一旦、更正を受けると、その額が巨額になる危険性がある。これは、一般の税務調査が損金算入・不算入という足し算・引き算の考え方で行われるのに対し、移転価格調査は適正利益率等をベースに、掛け算の考え方で更正が行われるためである。

【中国移転価格税務調査フロー】

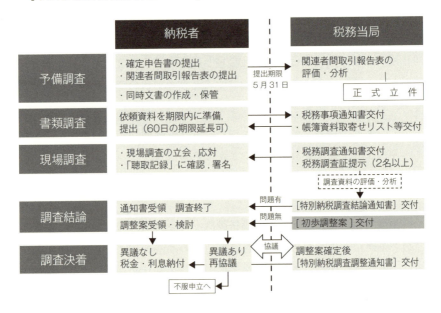

3. 移転価格税務調査における日中比較

(1) 国家税務総局の関与

　中国における移転価格調査において、わが国と最も大きな差があるのが、中央（国家税務総局）の関与の程度である。かつては、わが国でも、国税庁主導による調査が行われていた。この税制が導入された当時、筆者（川田）もその立場（国際調査管理官）であったので、その必要性が分からないわけではない。しかし、わが国の場合、それは制度導入当初のほん

の数年のことであり、現在では、調査対象の選定及び更正決定等は、原則として各国税局が自由に決定することができる仕組みとなっている。

それに対し、中国においては、制度導入時から相当の期間が経過しているにもかかわらず、国家税務総局の関与度合がかなり高くなっている。具体的には、特定の企業グループや業種について国家税務総局が省レベルの税務局に指示する形で調査を行うというものである。また、地方レベルが自発的に行う移転価格調査についても、重要な事案については、合同調査又は協議案件という形で国家税務総局が関与している。

しかも、調査を指揮している部局が同時に相互協議も担当しているという問題もある。

(2) 追跡管理

わが国の場合、移転価格に係る更正等の除斥期間は6年とされている（措法66の4⑰）のに対し、中国のそれは10年となっている。しかも、いったん更正を受けると、当該更正を受けた最後の年度の翌期以降5年間は追跡管理期間とされ、①企業の経営状況、②納税申告額の変化状況、③利益の変化状況、④関連取引の変化状況等について、同時文書とともに当局に提出することが求められている（実施弁法45条）。

そして、税務当局が追跡管理期間内に企業の移転価格について異常を発見した場合には、企業に自ら修正申告をするか、再度移転価格調査をして更正しなければならないとしている。換言すれば、最長15年間は移転価格課税を受けるリスクがあるということであり、この点で、わが国とは大きな差がある。

4. 現地における無用な税務調査トラブルを避けるために

(1) 移転価格調査の状況変化

年	法令・通達	概要
1991年	主席令54号、国務院令85号	移転価格税制導入（外商投資企業及び外国企業所得税法）
1998年	国税発25号	移転価格税制管理事務の強化
	国税函59号	関連企業間取引税務管理規定（調査重点先認定）
2004年	国税発70号	租税回避管理の強化
2005年	国税発115号	相互協議の申請手続の詳細規定
	国税函239号	執行強化（調査の開始と終了に北京の承認が必要）
2007年	国税函363号	移転価格調査に使用する調査書類の書式
2008年		企業所得税法の改正
	国税発114号	関連者取引申告に関する規定
2009年	国税発2号	中国移転価格税制の包括的なガイドライン
	国税函188号	移転価格調査後の追跡管理に関する詳細規定
	国税函363号	損失計上した単一機能企業の同時文書提出義務
2010年	国税函323号	同時文書のサンプル検査に関する通知

　中国の移転価格税制は、1991年の導入以来、その運用や調査実施について模索を続け、管理事務や執行の強化、提出書類等の整備に関する通達が発布されてきたが、2008年に企業所得税法の改正、2009年に特別納税調整実施弁法の施行により、税務調査の重点対象先が定められ、1件当たりの更正金額も大幅に増加している。導入当初は、年間数千件にも及ぶ調査を行い、少額の課税処分がなされてきたが、2005年当たりを境に、調査開始件数が大幅に減少し、1件当たりの更正金額が大幅に増加している。加えて、2009年には、「クロスボーダーの関連取引の監視及び調査の強化に関する通知」（国税函（2009）363号）が発布され、クロスボーダーの関連者間取引に関する調査をより強化するとともに、損失を計上した単一機能生産、小売、受託研究開発企業は、その取引の規模に関わらず、損失の生じた年度の翌年6月20日までに、主管税務機関に同時文書を提出するように定められた。このことからも、中国における移転価格の税務調査は、今後

益々その執行が強化されるものと思われる。

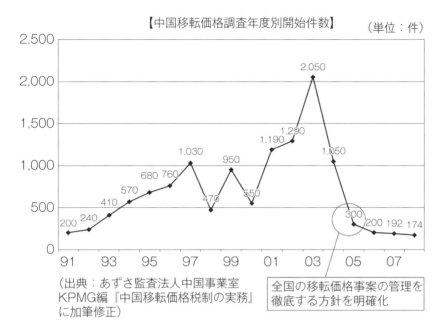

(出典：あずさ監査法人中国事業室 KPMG編『中国移転価格税制の実務』に加筆修正)

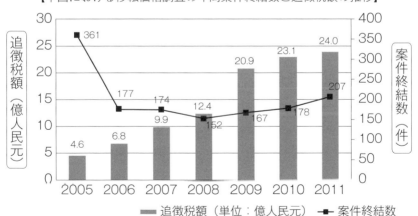

(出典：有限責任あずさ監査法人 KPMG編『早わかり中国税務のしくみ』)

(2) 問題とされる事例

　これらの方針（重点調査対象に関する方針）は、日系企業のみを対象としたものではない。しかし、日系企業のなかには国際化への対応が遅れているところも少なくないことから、特に注意が必要である。

　ちなみに、前述の経産省「新興国における課税問題の事例と対策（詳細版）」（以下、「経産省資料」という。）（3頁）によれば、日系企業が直面している移転価格課税問題には、次のようなものがあるとのことである。

①画一的なみなし利益率による課税

　この方式による課税は、中国だけでなく途上国に共通してみられる移転価格課税方法であるが、特に、中国においては、国税函（2009）第363号を根拠に、一定の利益水準を達成していない企業に対し、親会社が子会社の利益水準を操作しているに違いないという考え方に従い課税がなされている。その結果、現地企業に実際よりも高い利益率が適用され、追徴課税を受けたという事例が生じている。

　しかも、この種の課税は「みなし」方式によりなされるため、いったん課税を受けると、納税者の反論は許されず、不服申立てや訴訟をしても納税者の反論は認められない。その点で課税を受けないよう、細心の備えが求められる分野である。

②ロイヤルティ送金拒否等

　中国では、外為規制が非常に厳しく、かつては、ロイヤルティの送金が認められていなかった。最近になって送金自体は認められるようになってきているものの、送金にあたっては、現地において複雑な送金手続を経なければならないこととされている。具体的には、契約書、登記証書、納税証明書等といった複数の必要書類を税務当局や銀行に提出し、登記の確認を受けなければ送金が認められない。

　また、税務当局が、ロイヤルティの料率等が高すぎると判断した場合等においては、たとえ契約書にそれらの支払義務が明記されていたとしても、支払いはもちろん、登記自体も認められないことが多い（経産省資料

6頁)。

さらに、たとえ送金が認められたとしても、中国の現地子会社が赤字の場合、税務当局から「ロイヤルティは利益に係る対価であり、利益が生じていない場合には、現地子会社は、（親会社等からの）技術提供による便益を享受していない。」という理由で、損金算入が否認された事例もある（経産省資料6頁）。

③中国子会社にローカル・インタンジブルがあるとしてなされる認定課税

これは、中国に進出後相当程度の年数（おおむね5～10年程度）が経過した子会社に対し、それらの子会社に子会社独自のローカル・インタンジブル（現地子会社独自の無形資産）が生まれているとみなして課税するというものである。具体的には、それらの無形資産が形成されたことにより、中国国内で現地子会社が利益を得ることに寄与しているはずであるとの判断のもと、実際よりもはるかに高い利益率が適用されて追徴課税を受けたというケースである（経産省資料4頁）。

この背景には、中国税務当局独自の理論として、同国には「巨大な国内市場があるので、他国に比べ高い市場価値がある（いわゆるマーケット・プレミアム論）」という意識を持ち始めたことがあるようである。

④ハイテク企業に対する送金規制等

現地に進出したハイテク企業は、ハイテク企業認定管理弁法の認定を受けることにより、軽減税率の適用を受けることが可能であるが、その場合、軽減税率適用を受けるための要件として、それらのハイテク企業が無形資産を保有していることが必要とされている。

その結果、通常の利益率にそれらの無形資産の利益相当分を上乗せした利益率が適切な利益率とされ、それより低い場合には当局の認定した利益率により、追徴課税を受けることもある（経産省資料4頁）。

なお、OECDでは、多国籍企業による国際取引を利用した租税回避に対処するため、2013年に「税源浸食及び利益移転（Base Erosion and Profit Shifting－略称BEPS）」プロジェクトをスタートさせた。そのプロジェク

トのうち、移転価格文書化については、第2章でふれたところであるが、それ以外でも「無形資産の移転等への理論のあり方」について検討がなされている」(第7章　その他の問題点　7. OECDの最近の動向（BEPSプロジェクト）参照)。

　このプロジェクトには、OECD加盟国だけでなく中国やインド、ブラジル、ロシアなども参加している。そこでの主たる問題意識は、親子会社間で特許等の無形資産を移転することで生じる、不当な利益の移転を規制するためのルールを算定するということであり（行動指針8）、どちらかといえば先進諸国からの利益移転がテーマとなっている。しかし、中国やインドなどでは、先進国が無形資産の使用料等の形で、本来途上国側のものであるべき利益を先進国等に流出させているのではないかという問題意識で、このテーマに取り組んでいる。

　現に、ハイテク企業に対する最近の調査事例等をみてみると、このような問題意識をふまえた更正案件が増加してきている。したがって、今後はOECDにおけるBEPSの議論等にも注目していく必要がある。

(3)　最近における調査事例

　2013年12月には、大連に進出している日本企業に約120億円（税額ベースでは19億円）の移転価格課税がなされたとして相互協議の申立てがなされている（2013年12月9日付、ローム社による自主公表）。この案件を含め、その後も中国サイドで多数の移転価格調査が進行中である。

　最近の中国税務当局による重点調査対象をみると、長期間赤字が続いているところが多い。また、製造業におけるわが国との人件費の差異による超過利益（いわゆるロケーション・セービング）や、市場の好況を起因とする超過利益（いわゆるマーケット・プレミアム）が、わが国と中国との間でどのような割合で配分されているかについても注目している。

(4) 移転価格トラブルを避けるために

①全社的な移転価格税制に対するリスク認識

このような状況下において、日本の親会社側にとって必要なことは、たとえ現地で問題になったことが当初は小さい点であったとしても、現地任せにせず、早い段階から親会社が積極的に関与していくということである。それは、ほんのささいなことがきっかけとなって大きな問題に発展するというのが、進出企業の典型的なパターンとなっているからである。

移転価格税制に関して、税務当局の調査が入ってから慌てて準備を行ったのでは、後手を踏むことになるため、国外関連者間取引がある程度の規模に達した企業においては、まずは自社の関連者間取引とその価格決定方法について現状分析とリスク評価を行い、調査において多額の更生金額の指摘を受ける可能性がないかどうかの自己診断を行っておくことが望ましいと考える。

②移転価格調査に対する対応

万が一、移転価格の調査を受けることになった場合は、初動が極めて重要であると考えられる。所轄の税務局から最初に接触を受けた際に、速やかに関連書類と情報の提供を行い、税務機関に対して協力的な対応をすることで、正式立件されることなく、当該調査を終結させられる場合がある。この場合、「2. 中国移転価格税務調査の流れ (7) 追徴課税」で述べた追徴税額に対する利息(中国人民銀行の人民元貸付基準利率に5％の罰則利息を加えた利率)が免除されることもある。また、通常の調査終了後における5年間の追跡管理においてもその対象外とされることがある。但し、企業自らが修正申告を行う場合は、「移転価格調整通知書」を受け取ることができないため、相互協議の手続を通して、二重課税を排除することができないことに留意が必要である。

管轄の税務機関から、移転価格に関する調査に関して通知を受けた場合には、速やかに顧問先もしくは同時文書を担当している会計士事務所等の専門家に対応の相談を行うのが望ましい。

第5章
相互協議と事前確認（APA）
―日中比較

　「相互協議（Competent Authority Negotiation）」は、国際的二重課税を排除するため、租税条約の規定に基づき、わが国の権限ある当局と相手国の権限ある当局の間で行われる手続である。

　そのため、わが国が締結している租税条約では、すべてにおいて相互協議事項が設けられている。そして、相互協議、なかでも移転価格課税をめぐる相互協議については、年々増加傾向にある。

　しかし、いったん課税を受けた後でなされる相互協議については、合意に至らなかった場合、国際的二重課税が残ってしまうというリスクがある。そのため、最近では、取引前の段階で、当局との間で、移転価格の算定方法等について合意（いわゆる事前確認（Advance Pricing Agreement）以下、「APA」という。）することにより、そのリスクを回避するというやり方が選好される傾向にある。この合意には、いずれか一方の国の当局との間で合意するというやり方（いわゆるユニラテラルAPA）と、両国の当局の合意を得るというやり方（いわゆる二国間（バイラテラル）APA）がある。

1. 相互協議

【相互協議の日中比較】

	日本	中国
相互協議の対象	納税者の申立だけでなく、権限ある当局独自の判断によるものも協議の対象	同左
主たる相互協議対象	移転価格課税事案	同左
事前確認を含むか	含む	含む
納税者による相互協議の申立て	相互協議申請書を提出	相互協議手続開始申請書を提出
申立期間	日中租税条約により課税通知後3年以内	
申立の対象とならないもの	・脱税事案 ・納税者が修正申告をしている場合	・国外関連者への利息、ロイヤルティの支払い ・納税者が自発的な修正申告をしている場合
調査担当部署の相互協議への直接的参画	無し	有り
進捗状況の説明	有り	無し
対応的調整	有り	有り（但し、ほとんど実績無し）

(1) 対応的調整と相互協議

　中国で移転価格調整を受けた企業の関連者は、本国では実際の取引価格を基にして課税所得を計算しているため、企業グループ全体としては二重課税が生じてしまうことになる。この問題に関して、移転価格調整を受けた対象取引の相手先関連者に対して移転価格調整額に相当する額の所得又は税の減額を行い、二重課税を解消することを「対応的調整」という。租税条約を締結する国家間において移転価格調整が行われた場合、租税条約の規定に基づき、当該国家間の権限のある税務当局の間での協議を通じて対応的調整を行う救済措置が認められており、これを「相互協議」とい

う。

　なお、中国における二重課税解消の方法の1つとして、国内法に基づく救済、いわゆる税務機関への行政再審査の請求や、人民法院に行政訴訟を提起する権利があるが（税収徴収管理法8条）、実務的にはこれらの方法により日系企業に対する二重課税が解消される可能性はかなり低い。

■中国の二重課税救済措置の流れ

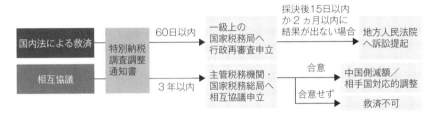

(2) 中国の相互協議

　中国の相互協議について、実施弁法では、国家税務総局が、①移転価格調査及び調整を受けた企業の申請を受けて租税条約の締結相手国の主管税務当局と相互協議手続の規定に基づき協議を行う場合と、②二国間あるいは多国間事前確認（APA）の申請を受けて、租税条約締結相手国の主管税務当局と、租税条約の相互協議手続の規定に基づき協議を行う場合の2通りがあるとされている（実施弁法98条、102条）。

　但し、対応的調整あるいは相互協議の結果は、国家税務総局が主管税務機関を通じて書面で企業に交付することとなっており、いずれも企業にとってみれば、主体的に協議に参加することができるものではない。相互協議は、あくまで政府間の交渉であり、日中租税条約の規定にも法的な拘束力がないため、必ずしも二重課税が解消されるとは限らない点に留意が必要である。

　なお、最近の事例としては、2008年の税務調査で中国子会社からのロイヤルティ等が適正価格より安いとして大阪国税局などに約35億円を追徴課税されていた、大手空調機器メーカーのダイキン工業（大阪市）が、相互

協議による日中間の協議を申請し、2013年に約18億円の還付を受けている（毎日ニュース速報）。

(3) 中国の相互協議申請手続

中国においては、租税条約相手国（地域）にある関連者に関わる移転価格の対応的調整を要求する場合、企業は、国家税務総局と主管税務機関に対して同時に書面で申請を行い、自らあるいはその関連者が移転価格調整通知書を受け取った日から3年以内に「相互協議手続開始申請書」（巻末参考資料（4）参照）を提出し、企業あるいはその関連者が移転価格調整を受けた旨の通知書の写し等関連資料を提供しなければならない。主管税務機関はそれらを審査してから、国家税務総局に順次報告する（実施弁法99条）。

但し、以下の場合には、企業は相互協議の申請を行うことができないため注意が必要である。

①自らあるいはその関連者が移転価格調整通知書を受け取った日から3年を超えた場合、税務機関は企業の申請を受理しない（実施弁法100条）。
②税務機関が企業に対して移転価格調整を行い、それが海外関連者への利息支払い、賃貸料、特許使用料等に対する徴収済みの税額に関わる場合、対応的処理を行わない（実施弁法101条）。
③企業が移転価格調整通知書を受け取っていない場合（つまり、移転価格税務調査において、自主申告を行った場合等）は、申請を行うことができない。

2. 事前確認協議（APA）

企業と税務局が、前もって移転価格の算定方式を取り決める制度で、合意に至れば、移転価格調査のリスクを回避することができる。この制度によれば、税務局の合意が得られれば、企業と税務局の間で「事前価格確認協議書」が締結され、書面で税務局の確認が取れる、というのがポイント

である。

　事前確認には一国（ユニラテラル）、二国間（バイラテラル）及び多国間（マルチラテラル）の３類型があり、事前確認申請は、区を設けている市及び自治州以上の税務機関が受理しなければならない。なお、事前確認の交渉あるいは実施が同時に２つ以上の省、自治区、直轄市等の税務機関に関わる場合、または、同時に国家税務局と地方税務局に関わる場合、国家税務局が統括、調整を行う。企業は交渉の意向を国家税務局に直接書面で提出できる。

(1)　申請資格

　事前確認は、一般的に次の条件の全てを満たした企業に適用される（実施弁法48条）。
①年間関連者取引金額が４千万元以上の企業
②法律に従い関連申告義務を履行している企業
③規定に従い同時文書を準備、保存、提供している企業

(2)　事前確認手続

　事前確認の協議、締結及び実施は通常、①予備会談、②正式申請、③審査及び評価、④協議、⑤締結、そして⑥実施の監督という６つの段階を経て行われる（実施弁法46条）。

①予備会談（実施弁法50条）

　企業は、正式に事前確認を申請する前に、その意向を税務機関に対して書面で提出しなければならない。税務機関は、企業の書面による要求に基づき、企業と事前確認の内容及び事前確認の実行可能性について予備会談を行い、『事前確認会談記録』に記入する。予備会談は匿名方式を採用することができる。

　（イ）　一国事前確認を申請する場合
　　　　税務機関に書面でその意向を提出しなければならない。予備会談中、企業は以下の内容の資料を提供し、税務機関と検討を行う。

・事前確認の適用年度
・事前確認対象の関連者及び関連者取引
・企業の過年度の生産経営情況
・事前確認対象の各関連者の機能とリスクの説明
・事前確認で確定された方法を過年度に遡及適用するか否か
・その他の説明が必要な情況

（ロ）　企業が二国間あるいは多国間事前確認を申請する場合
　　国家税務総局と主管税務機関宛てに、同時に書面でその意向を提出しなければならない。予備会談は、国家税務総局が手配し、会談の内容は、上記（イ）以外に以下の内容も含まなければならない。
・租税条約相手国の主管税務当局宛て予備会談申請の情況
・事前確認の対象となる関連者の過年度の生産経営情況及び関連者間取引の情況
・租税条約相手国の主管税務当局に提出した、事前確認で採用を予定する価格決定ポリシー及びその計算方法

　予備会談において合意した場合、税務機関は合意した日から15日以内に、事前確認関連事項について正式な交渉ができる旨を書面で企業に通知し、『事前確認正式会談通知書』を交付する。予備会談において合意しなかった場合、税務機関は最後の予備会談終了日から15日以内に書面で企業に通知し、『事前確認申請拒否通知書』を交付して企業の事前確認申請を拒否し、かつその理由を説明しなければならない。

②正式申請（実施弁法51条）
　企業は、税務機関から正式交渉に関する通知を受け取った日から3ヵ月以内に、税務機関に対して事前確認の書面申請を行い、『事前確認正式申請書』（巻末参考資料（5）参照）を提出しなければならない。企業が二国間あるいは多国間事前確認を申請する場合、『事前確認正式申請書』と『相互協議手続開始申請書』を同時に国家税務総局と主管税務機関に提出しなければならない。

事前確認申請には、以下の内容を記載する。
（イ）関連する企業グループの組織・機構、会社の内部組織、関連関係、関連者取引の状況
（ロ）企業の直近3年間の財務諸表、製品の機能及び資産（無形資産及び有形資産を含む。）に関する資料
（ハ）事前確認の対象となる関連者取引の種類及び納税年度
（ニ）関連者間の機能及びリスクの分担。分担の根拠となる機構、人員、費用、資産等を含む
（ホ）事前確認に適用する移転価格決定ポリシー及び計算方法、並びに当該ポリシー及び計算方法を裏付ける機能リスク分析、比較可能性分析及び前提条件等
（ヘ）市場状況の説明。業界の発展傾向及び競争環境を含む
（ト）事前確認対象年度の経営規模、経営業績予測及び経営計画等
（チ）事前確認に関わる関連者取引、経営計画、及び利益水準などに関する財務情報
（リ）二重課税等の問題に関わるか否か
（ヌ）国内及び国外の関連法規、租税条約等に関わる問題

　特別に準備しなければならない資料があったり、翻訳や技術的な処理をする必要がある等特別な理由により、期限内に事前確認の書面申請を提出することができない場合、企業は、税務機関に対して、書面による延期申請を行い、『事前確認正式申請提出延期申請書』を提出することができる。
　税務機関は、企業から書面による延期申請を受け取った後15日以内に延期申請に対して書面で回答し、『事前確認正式申請提出延期申請への回答書』を交付する。期限を過ぎても回答しない場合、税務機関は企業の延期申請に同意したとみなされる。

③審査及び評価（実施弁法52条）
　税務機関は、企業から事前確認に関する正式な申請書及び必要な文書、資料を受け取った日から5ヵ月以内に、審査と評価を行わなければならな

い。審査及び評価の結論を形成するために、審査と評価の具体的な状況に基づき、企業に関連資料の補充を要求することができる。

　特別な状況により審査及び評価の期間を延長する必要がある場合、税務機関は適時企業に書面で通知し、『事前確認審査評価延期通知書』を交付するが、その延長期間は3ヵ月を越えないものとされている。

④協議（実施弁法53条）

　税務機関はユニラテラルAPAの審査及び評価の結論を形成した日から30日以内に、事前確認について企業と交渉する。交渉が成立した場合、事前確認の草案と審査評価報告書を合わせて順次国家税務総局まで報告し、その審査を受ける。

　国家税務総局が、租税条約締結相手国の税務主管当局と二国間あるいは多国間事前確認の交渉を行い、交渉が成立した場合、交渉覚書に基づいて事前確認草案を作成する。

　税務機関と企業が事前確認について合意できなかった場合、税務機関は、会談や交渉過程で獲得した企業の提案、概念、判断等の事実ではない情報を、当該事前確認に関わる取引行為に対する税務調査に使用してはならない（実施弁法61条）。

⑤締結（実施弁法54条）

　税務機関と企業がユニラテラル事前確認の草案の内容に合意した後、双方の法定代表者、または法定代表者が授権した代表者が正式にユニラテラル事前確認を締結する。

　国家税務総局と租税条約締結相手国の税務主管当局が二国間あるいは多国間事前確認の草案の内容に合意した後、当該二国間あるいは多国の税務主管当局の授権を受けた代表が、正式に二国間あるいは多国間事前確認を締結する。主管税務機関は、二国間あるいは多国間事前確認に基づいて企業と『二国間（多国間）事前確認実施合意書』を締結する。

⑥実施の監督（実施弁法56条）

　税務機関は、監督管理制度を確立し、事前確認の実施状況を監督しなければならない。

（イ）　事前確認実施期間中、企業は事前確認に関連する書類と資料（帳簿や関連記録等）を完全に保管し、紛失、毀損または移動させてはならず、また、納税年度終了後 5 ヵ月以内に、税務機関に対して事前確認の実施状況に関する年次報告をしなければならない。年次報告では、報告機関における経営状況を説明し、また、事前確認に規定されるすべての事項、あるいは事前確認を修正、あるいは実質的に中止する必要があるかどうかも含めて、事前確認の遵守状況も説明しなければならない。未解決の問題、あるいは将来発生する可能性のある問題を抱えている場合、事前確認の修正、あるいは中止について税務機関と交渉するため、企業はそれらを年次報告で説明しなければならない。

（ロ）　事前確認実施期間中、税務機関は、定期的（通常は半年ごと）に企業の事前確認の履行状況を検査する。検査内容は、主に企業が事前確認の条項と要求を遵守しているか否か、事前確認を締結するために提出した資料と年次報告は企業の実際の経営状況を反映しているか、移転価格算定方法が依拠する資料及びその計算方法は正確か、事前確認時の前提条件は依然として有効か、企業の移転価格算定方法の運用は前提条件と合致しているか等である。

　　税務機関は、企業の事前確認違反を発見した場合、状況に応じてそれを処理し、最終的には事前確認を中止することができる。企業が隠蔽あるいは事前確認の実施を拒否する場合、税務機関は、事前確認を最初から無効であるものとする。

（ハ）　事前確認実施期間中、企業の実際の経営結果が、事前確認で予測した価格あるいは利益の幅に収まらない場合、税務機関は一級上の税務機関による承認を得た後、実際の経営結果を事前確認で確定した価格あるいは利益の幅まで調整する。二国間あるいは多国間事前確認においては、順次国家税務総局まで報告し、その承認を得る。

（ニ）　事前確認の実施期間中、事前確認に影響を与える何らかの実質的な変化が生じた場合、企業は、変化が生じた後30日以内に税務機関

にそれを書面で報告し、当該変化が事前確認の実施に与える影響を詳細に説明し、あわせて関連の資料を添付しなければならない。非主観的な理由で期限内に報告できない場合、その報告の期限を延期することができるが、延長期間は30日を越えてはならない。

　税務機関は、企業の書面報告を受け取った日から60日以内に、企業の変化の状況審査、事前確認条項や条件の修正に関する企業との協議、あるいは、実質的な変化が事前確認の実施に与える影響の程度に従って、事前確認の修正や中止等の措置を含む審査及び処理を行う。事前確認を取り消した後、税務機関は実施弁法の規定に従って、企業と新たな事前確認を交渉することができる。
（ホ）　国家税務局と地方税務局、及び企業が共同で締結した事前確認について、その実施期間中、企業は、国家税務局と地方税務局それぞれに対して、事前確認の実施状況に関する年次報告、及び実質的な状況の変化についての報告をしなければならない。

(3)　事前確認手続の中止（実施弁法55条）

　事前確認の正式な交渉開始から事前確認の締結までの間、税務機関と企業のいずれも交渉を一時停止あるいは中止することができる。二国間あるいは多国間事前確認の場合、事前確認を行う双方の税務主管当局の協議により、交渉を一時停止、中止することができる。交渉が中止された場合、双方は交渉中に相互に提出した全ての資料を相手に返却しなければならない。

(4)　期間の更新（実施弁法57条）

　事前確認は満期後に自動的に失効する。企業は、事前確認の更新を必要とする場合、既存の事前確認の期限満了前90日までに税務機関に『事前確認更新申請書』を提出しなければならない。また、信頼できる証明材料を提出して、期限が到来する事前確認に記載の事実及び関連した環境に実質的な変化はなく、また当該事前確認における各条項及び約定を変わらず遵

守していくことを説明しなければならない。税務機関は、企業の更新申請を受け取った日から15日以内に受理するかどうか書面で回答し、企業に『事前確認更新申請回答書』を交付する。税務機関は企業の更新申請資料を審査・評価し、企業と協議した上、事前確認草案を作成し、かつ双方が定めた締結日、場所等の関連事項に従って、企業と更新作業を完成させる。

(5) 事前確認の適用期間及び遡及適用（実施弁法49条）

事前確認は、企業が正式に書面申請を提出した年度の翌年度以降３年から５年の連続する年度における関連者間取引に適用される。

事前確認の交渉結果等は、企業が事前確認の正式な書面申請を提出した年度あるいは過年度の関連者間取引に対する税務機関の移転価格調査、調整には影響を与えないが、申請提出年度あるいはそれ以前の関連者間取引が、事前確認の適用年度のそれと同じか類似している場合、企業が申請し、税務機関の承認を得た上で、事前確認で確定した価格決定ポリシー及

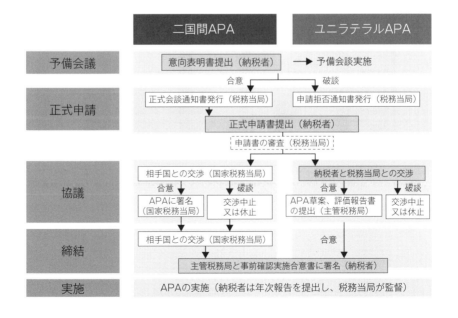

び計算方法を、申請提出年度あるいは過年度の関連者間取引に適用することができる。

(6) 事前確認実施状況

中国税務当局が発行しているAPAレポート（預約定価安排年度報告）によれば、ここ数年間で中国の税務当局が合意した事前確認は下図のとおりであり、中国が初めて二国間APAを締結した2005年以降、ユニラテラルAPAは減少傾向にあり、二国間APAは増加傾向にある。なお、当該APAレポートには、APA締結までの期間について、ユニラテラルAPAの場合、1年以内の完成が53％、1年～2年での完成が47％、バイラテラルAPAの場合、通常ユニラテラルより長いが、1年以内の完成が57％とされている。

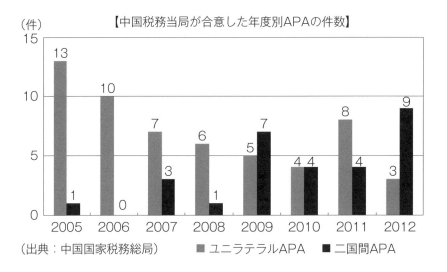

（出典：中国国家税務総局）

【事前確認日中対比表】

	日本	中国
申請資格の要求	無し	有り
申請前の事前相談	有り	有り
申請書の提出	有り 原則として相互協議申請に準ずる	有り ・対象となる関連者取引 ・独立企業間価格の算定方法 ・関連当事者の機能とリスク ・過年度遡及適用を希望するか否か　等
確認中の大幅な価格変動	原則として要報告	要報告＋承認
更新	有り	有り
遡及適用	有り	有り
ユニラテラル方式	有り	有り

3. 費用分担契約

(1) 費用分担契約とは

　関連者グループ間で製品等の共同開発や役務の共同提供・受入れを行う場合、通常は本社にその研究開発機能が集約されているが、当該研究開発の成果は、グループ内の企業も同様に享受することになるため、グループ全体にかかる（グループの将来の便益に寄与する）コストを、グループ間企業が分担で負担する契約を結ぶことができる。これを費用分担（コスト・シェアリング）契約という。費用分担契約は、事前確認の方式で締結することができる。

　費用分担契約の参加者は、開発及び譲渡された無形資産、または参加した役務活動に対して受益権を持ち、またそれに相応する活動原価を負担する。関連者が負担する原価は、非関連者が比較可能な条件の下でそのよう

な受益権を得るために支払う原価と一致しなければならない。

なお、参加者は、費用分担契約により開発あるいは譲渡された無形資産に対して特許権使用料を支払う必要がない（実施弁法65条）。

(2) 費用分担契約の内容

費用分担契約には、主に以下の内容を記載しなければならない（実施弁法68条）。

①参加者の名称、所在国（地域）、関連関係、契約上の権利、義務
②費用分担契約に関わる無形資産あるいは役務の内容・範囲・契約が及ぶ研究開発あるいは役務活動の具体的な負担者及びその役割、任務
③契約期限
④参加者の予測収益の計算方法及び仮定
⑤参加者の初期投入、その後の原価支払金額、形式、価格確認の方法、及びそれが独立企業間原則に準拠していることの説明
⑥参加者の会計方法の運用及び変更の説明
⑦参加者の契約加入あるいは脱退の手続及び処理に関する規定
⑧参加者間の補償支払の条件及び処理に関する規定
⑨契約の変更あるいは取消しの条件及び処理に関する規定
⑩非参加者が契約の成果を使用する場合の規定

(3) 費用分担契約の開示

企業は、費用分担契約を締結した日から30日以内に、国家税務総局に届け出なければならない（実施弁法69条）。

企業は費用分担契約の実施期間中、同時文書管理の規定を遵守する他に、次の同時文書も準備、保管しなければならない（実施弁法74条）。
①費用分担契約の副本
②費用分担契約の各参加者の間で締結された、当該契約を実施するためのその他の契約
③契約の非参加者による契約の成果の使用状況、支払金額及び形式

④当年度の費用分担契約参加者の加入及び脱退の状況

加入あるいは脱退した参加者の名称、所在国（地域）、関連関係、加入支払あるいは脱退補償の金額及び形式を含む。

⑤費用分担契約の変更及び終了の状況

変更あるいは終了の原因、契約の既存の成果の処理あるいは分配を含む。

⑥費用分担契約により発生した当年度の原価総額及び構成

⑦当年度の各参加者の費用分担の状況

費用支払額、形式、対象、支払ったあるいは受け取った補償支払の金額、形式、対象を含む。

⑧費用分担契約に関わる当年度の予測収益と実際の結果との比較及び調整

企業は、費用分担契約の実施期間中、事前確認によって費用分担契約を締結するかどうかにかかわらず、各納税年度の翌年6月20日までに、税務機関に費用分担契約に関する同時文書を提供しなければならない。

（4） 費用分担契約変更時の取扱い

すでに実施され、一定の資産を形成している費用分担契約について、参加者に変更があり、あるいは契約実行を中止する場合、独立企業間原則に従って以下の処理を行わなければならない（実施弁法70条）。

①加入支払

新しい参加者が契約の既存の成果の受益権を得るための合理的な支払

②脱退補償

当初からの参加者が契約から脱退し、契約の既存の成果の受益権をその他の参加者に譲渡するときに得るべき合理的な補償

③参加者が変更した後、各参加者の受益及び原価負担状況に基づいて相応の調整を行わなければならない。

④契約を終了する際、各参加者は既存の契約の成果を合理的に配分しなければならない。

企業が独立企業間原則に従って上述の状況に対して処理をせず、課税所

得額が減少した場合、税務機関は調整を行う権限を有する。

費用分担契約の実施期間中、参加者が実際に享受する便益と負担する原価がつり合わない場合、実際の状況に応じて補償調整を行わなければならない。

(5) 費用分担契約の税務処理

独立企業間原則に従う費用分担契約についての税務処理は、以下のとおりである（実施弁法72条）。

①企業が契約に基づき分担した原価は、契約の規定する各年度において損金算入する
②補償調整は、調整年度において課税所得額に計上する
③無形資産に関わる費用分担契約について、加入支払、脱退補償、あるいは契約中止時の契約の成果配分は、資産購入あるいは処分に関連する規定に従って処理する

但し、以下の状況のいずれかが当てはまる場合、企業はその分担した原価を損金算入してはならない（実施弁法75条）。

①合理的な商業目的と経済実績がない
②独立企業間原則に合致しない
③原価と便益対応の原則に従わない
④実施弁法の関連規定に従って費用分担契約の届出をしない、あるいは費用分担契約に関する同時文書の準備、保存、提供をしない
⑤費用分担契約の締結日以降の経営期間が20年未満の企業

4. 日本側からの視点

(1) 相互協議

日中租税協定（条約）（昭和58年（1983年）締結、昭和59年（1984年）発効）では、協定（条約）の規定に適合しない課税を受けたと認める者又

は受けることになると認める者は、当該事案について、当該一方または双方の締結国の法令に定める救済手段とは別に、自己が居住者である締結国の権限ある当局に対し、相互協議の申立てを行うことができる旨規定している（同条約25条1項前段）。

そして、その申立ては、この協定の規定に適合しない課税に係る当該措置の最初の日から3年以内にしなければならないとしている（同項後段）。この規定は、表現方法に若干の差はあるものの、基本的にはOECDモデル条約のそれと同様である（OECDモデル条約25条1項参照）(注)。

　（注）　ただし、日中租税協定においては、OECDモデル条約の2008年改正で導入された、いわゆる仲裁条項（arbitration clause）は規定されていない。

日中間で最初に移転価格課税に係る相互協議の合意が成立したのは、2007年4月のことである。この事案は、中国に進出している日系企業に対してなされた中国税務当局による課税であり、わが国の親会社に対して支払われたロイヤリティが過大であるというものであった。このケースは、中国にとって移転価格課税分野における初めての相互協議合意事案であった。

その後、中国発だけでなく、日本発の課税事案についても相互協議の対象とされ、最近では2013年5月に日本発の課税事案（ロイヤルティが対象）について相互協議が行われた。協議の結果、当初の追徴課税額は約半分に減額されたとのことである(注)。

　（注）　2013年5月21日毎日ニュース速報による。しかし、この案件を最後に、2013年8月ごろ以降から本書執筆時点（2014年12月）まで、日中間の相互協議は行われていない。

日中間の相互協議が滞っている背景には、昨今の政治状況等による影響もないわけではない。しかし、それ以外に、中国サイドにおいて相互協議を担当する部局の人員が限られていること、当該部局が租税回避の取締りも担当していること、相互協議の場に実際の課税を行った地方の税務局レベルの職員も参加していること等から、たとえ相互協議にたどりついたと

しても、合意に至らなかったケースが多い。また、合意したとしても時間がかかったりする事例が多いと言われている。

しかも、中国国内の不服申立てや訴訟といった権利救済制度は、実質的にほとんど機能していない。そのため、進出企業の中には、最悪二重課税が残ることも想定した上で、課税金額をできるだけ圧縮し、追加納税分については、子会社への寄付金（国外関連者への寄附のため全額損金不算入）という形で処理しているところもあるようである。

（2） 事前確認

わが国では、移転価格税制導入時に、同税制の円滑な執行に資するという目的で、「事前確認制度」があわせて導入された。この制度は、法令上の根拠に基づくものではなく、かつ、相手国との相互協議等を見込んでいないわが国だけの事前確認制度（いわゆる「ユニラテラル方式」）であったが、当時としては世界のどこにも存在していない極めて先端的な試みであり、納税者の関心も極めて高かった。しかし、相手国との相互協議が予定されていない、ユニラテラル方式であったことから、たとえわが国の当局との間で合意が成立しても、相手国での課税リスクが残ってしまうということで、広く普及するまでには至らなかった。

その後、わが国の事例等も参考にしつつ、米国が1990年代に、相互協議付きの事前確認制度（いわゆる二国間APA）（注1）をスタートさせ、2004年2月には、この方式が環太平洋税務長官会合（PATA）（注2）で、メンバー各国によって正式に受け入れられることとなった。

（注1） Bilateral Advance Pricing Arrangement
（注2） Pacific Association of Tax Administrations──加盟国は、日本、米国、カナダ、オーストラリアの4ヵ国。

ちなみに、そこで合意されたのは、主には次のような点である。

①申請方法及び手続（具体的申請方法及び事前確認を含む。申請後30日以内に相手国に通知等）

②対象期間・原則3～5年

（なお、合意達成までの目標期間は、申請から2年以内とされていた。）

③合意内容の実行状況確認

相互協議で合意された事項が正しく履行されているか否かを確認するため、両国の権限ある当局は、納税者（申請者）に対し、最低年一回実施状況に関する報告を求めることとされた。

④不正等があった場合

不正等があった場合には、確認は取り消される。

確認を取り消した場合には、取り消した国の権限ある当局は、相手国の権限ある当局にその旨を通知する。

PATAで合意された相互協議付きの事前確認（BAPA）方式は、その後広く各国で受け入れられることとなった。ちなみに、中国でも基本的にこの方式が採用されている。

日中間で最初にBAPAが成立したのは、2005年であるが、これは中国にとって最初となるBAPA案件であった（注）。

（注）　なお、2006年には米国との間で合意をみている。

その後、中国サイドで移転価格調査が本格的に行われるようになったことから、関係企業を中心に事前確認を求める件数も年々増加の傾向にあるようである。

さらに、前述したように、中国では一旦課税を受けた場合、国内の救済手続のみならず相互協議による救済もあまり期待できないことから、最近では、課税リスクを事前に避けるため二国間の事前確認（BAPA）ではなく、中国の税務当局との間でのユニラテラルによる事前確認を求める動きが広まってきている。

第6章
中国事業からの清算・撤退

1. 現地法人の清算と問題点

　多くの日系企業が中国に進出し、営業を行う過程で、業績の不振、原材料や人件費の高騰、日中関係に起因したリスク等様々な原因から、撤退を余儀なくされる企業も数多く存在する。しかし、いざ撤退を決断した後、実際の手続に入ると、現地法人の清算等が思いの外に困難であることに気づかされる。本章では、そのような現状に鑑み、中国現地法人の清算・撤退に伴う税務上の留意事項についてみていく。

(1) 清算、撤退のパターン

　日系企業に限らず、中国に進出していた企業が撤退をする場合のやり方としては、次のような方法がある。
①出資持分の譲渡
　この方式は、主に現地資本と合弁形態（中外合資、中外合作）で事業を行っている日系企業が、自己の出資持分を合弁の相手方又は第三者に譲渡する形で撤退するというやり方である（合弁の場合にあっては、中外合弁経営企業法4条、合作の場合にあっては、中外合作経営企業法10条180、同細則22条）。この場合には、従業員等の雇用が継続されるため、相手方との間の出資持分の譲渡価格の決定が最大のテーマとなってくる。
②清算、解散
　この方式は、合弁企業だけでなく、独資企業においても採用できる最も一般的なやり方である。しかし、後述するように、実務面では従業員の雇

用問題等をはじめ、種々の問題が発生する可能性の高いやり方でもある。
③事業譲渡

この方式は、動いている事業をそのまま買い手に譲渡するというやり方である。しかし中国の場合は、事業譲渡という概念自体がなく、資産の譲渡という形にならざるを得ない。

その結果、従業員等の雇用等に関する問題が残される可能性もあることなどから、実務的にはほとんど利用されていない形である。

そこで、以下では持分譲渡及び清算、解散についてみていくこととする。

2. 持分譲渡

持分譲渡は、清算に比べて煩雑な手続を踏まずに済むという利点から、現地法人の撤退に関してはよく利用される方法である。具体的な手続に関しては、「外商投資企業の出資者持分の譲渡に関する若干の規定」(1997年施行) に基づいて行う。

持分譲渡を行う際には、法律・法規を遵守し、認可機関の許可を得て、登記機関において登記の変更を行わなければならず、違反する持分譲渡は無効とされる。

(1) 持分譲渡の手続

①合弁パートナーの同意取得と董事会決議の開催

董事会決議を行い、3分の2以上の董事が出席した董事会において、出席董事全員が同意する必要がある。

譲渡対象の企業が合弁企業である場合には、持分の譲渡に関して当該合弁パートナーの同意を得ることが必要である。

②審査認可機関の許可取得

董事会決議後、設立時の審査認可機関に持分譲渡による出資変更を申請する。審査認可機関は、申請後30日以内に認可するか否かの判定を行う。

持分譲渡の認可申請において提出が必要な資料は、以下のとおりである。
（イ）譲渡者、譲受者が締結し、かつ、その他出資者が署名又はその他の書面方式により同意した持分譲渡契約書
（ロ）元の合弁契約書、定款及びその変更に関する協議書
（ハ）設立認可証書及び営業許可書のコピー
（ニ）持分譲渡に関する董事会決議書
（ホ）持分譲渡後の董事会構成員名簿
（ヘ）審査認可機関が要請するその他の資料
　　　＊日本の出資者に関する書類は、あらかじめ日本の中国大使館（又は領事館）の認証を受ける必要がある。

上記（イ）の持分譲渡契約書には、以下の事項を記載する必要がある。
・譲渡者及び譲受者の名称・住所・法定代表人の氏名・職務・国籍
・譲渡を行う持分割合とその価格
・持分譲渡の期限及び方法
・合弁契約書・定款に記載される譲受者の権利と義務
・違約責任
・適用する法律と争議の解決
・契約の効力発生と終了
・契約成立日と場所

③認可証書の変更
　審査認可機関が持分譲渡を認可した日から30日以内に、企業は、審査認可機関で外商投資企業の認可証変更手続を行わなければならない。

④持分変更登記
　外商投資企業の認可証を変更、返納、取り消した日から30日以内に、企業は、工商行政管理局にて登記の変更手続を行わなければならない。

(2) 持分譲渡時の問題点

①合弁パートナーの同意

合弁企業の持分譲渡の場合には、合弁パートナーには優先購入権があり、かつ、第三者へ譲渡する場合には、当該合弁パートナーに提示した条件よりも有利であってはならないという点にも注意が必要である。

また、合弁契約書や定款に、持分譲渡についての特別な記載がないかどうかを確認し、持分譲渡に際して違約責任等を引き受けるリスクを検証する必要がある。

②譲渡価格の決定

出資持分を譲渡する際の価格については、特に明確な規制があるわけではないが、国有資産をもって投資している合弁パートナーの中国企業等の持分比率が変更されるような場合には、国有資産管理局に登録された資産評価事務所の評価が必要となる。また、最近の持分譲渡においては、税務局から当該譲渡価格の妥当性について指摘が入り、特に出資者が外資系企業の場合にあっては、資産評価事務所の資産評価報告書の提出を求められるケースがある。

撤退を急ぐあまり、譲渡価格を著しく低廉、もしくは無償で譲渡しようとしてしまうことも考えられるが、中国における課税リスクに加え、わが国においても、寄付金認定等の問題が発生する可能性があるため、注意が必要である。

③譲渡先の選定

日系企業が中国からの撤退を検討する場合、その経営状況や投資環境が思わしくない状況が多く、そもそもの譲渡先探しが難航するというケースが多い。譲渡先が取得を希望する資産（価値）が、譲渡者の考えや評価額と大きく異なり、折り合いがつかない場合もある。

なお、持分譲渡後に当該譲渡対象企業の外資比率が25％を下回るような場合においては、過去受けていた外商投資企業の優遇税制等が受けられなくなり、既に受けた優遇分を返納するように要求される可能性もあるた

め、注意が必要である。

(3) 持分譲渡の税務

①譲渡所得課税

日中租税条約13条4項には、「一方の締約国（日本）の居住者が持分等の財産の譲渡によって取得する収益で、他方の締約国（中国）において生ずるものに対しては、当該他方の締約国（中国）において課税することができる」と規定されているため、日系企業が中国現地法人の出資持分を譲渡する場合には、中国において譲渡益に対して課税が行われることになる。

一方、わが国では全世界所得課税が原則であるため、当該譲渡益については、わが国においても課税が行われることになるが、中国で課税された企業所得税は外国税額控除の対象となる。

中国における持分譲渡の税務処理には、いわゆるわが国の非適格組織再編税制に該当する一般税務処理と、適格組織再編税制に該当する特殊税務処理の2種類があるが、ここでは、撤退に伴う第三者への持分譲渡を前提としているため、一般税務処理を前提とする。

中国における税額の計算方法は、以下のとおりである。

【算式】

譲渡税額＝持分譲渡所得×10％

持分譲渡所得＝持分譲渡価額－持分譲渡原価

- 持分譲渡価額には、持分譲渡により受け取った現金、非貨幣性資産又は持分等を含み、持分原価とは、出資時に実際に交付した出資金額又は当該持分を購入した時に元の譲渡者に実際に支払った持分譲渡金額をいう。
- 一般税務処理に従い、時価にて持分譲渡を行った場合には、持分譲渡契約書と関連する持分公正価値の合法的根拠を準備する必要がある。

②その他の税金
(イ)　営業税・増値税

持分譲渡は、元々増値税の課税対象ではなく、営業税は従来一部の出資形態においては課税されていたが、2003年1月の改正により全ての出資形態において課税されないこととなった。

(ロ)　土地増値税

譲渡対象企業が土地使用権や建物等を有している場合、当該譲渡について、譲渡対象企業の経営状況等に照らして合理的な理由がある場合には、土地増値税は課税されない。但し、土地使用権、建物等の譲渡による利益獲得目的であると判断された場合には、土地増値税の課税リスクがあるため、注意が必要である。

(ハ)　印紙税

持分譲渡契約書は、所有権移転証書であるため、売買当事者双方が取引価格の0.05％の印紙税を支払う必要がある。

3. 清算・解散

外商投資企業を清算するに当たっては、経営期間満了により閉鎖する場合を除き、「董事会の満場一致の決議」、「原審査・認可機関（対外経済貿易部門等）の許可」が必要となる。よって、合弁企業の場合は、出資者間で意見が対立し、合弁相手が1社でも清算に反対する場合には、清算手続に移ることができない場合も有り得る。

また、現地法人清算の手続の中で、最もトラブルが起こりやすいのが、従業員の解雇に関する問題である。労働契約法第44条には、企業が経営期限満了前に解散を決定した場合には、労働契約は終了すると定められているが、突然清算、解雇を言い渡された従業員からすると、心情的に企業に対する反感が生まれ、強硬的な手段に出るケースも散見されている。また、従業員の解雇に際しては、労働契約法第47条において、勤務年数1年当たり1ヵ月を基準とする経済補償金（最大で12年分）を支払わなければ

ならないとされている。これらの債務も含め、場合によっては、出資者が増資等の方法により清算費用の一部を負担しているケースもある。

さらに、清算手続時には、税務局（国家税務局・地方税務局）、税関、外貨管理局等の審査が行われるため、今まで企業内に潜在していた問題がある場合は、これらが一気に表面化することになる。また、当該企業が享受していた、企業所得税の優遇政策、設備の免税輸入等が法定期限に達していないため、返納を要求される可能性もある。

往々にして、企業の清算時には、設立時よりも多大な手間と時間、そして予期せぬコストがかかるため、十分な事前準備を整えた上で、手続に入る必要があると考える。

企業の清算には、「通常清算（企業が自主的に清算委員会を組織できる場合）」、「特別清算（企業が自主的に清算委員会を組織できない場合）」、更には、企業が債務超過のため、完全な債務弁済を行うことができない「破産」による場合がある。

但し、組織変更に伴う外商投資企業の清算は、一般的には「通常清算」により手続が行われるため、ここでは、通常清算の手続を解説する。

(1) 清算の手続

通常清算に基づく外商投資企業の清算手続は、以下のとおりである。

①清算に関する董事会決議（満場一致）
②設立認可機関（対外経済貿易部門等）の清算許可（清算開始日）

経営期間に満たない解散・清算の申請（繰上終了）の場合、以下のような資料の提出が必要となる。

　（イ）　繰上終了の申請書
　（ロ）　董事会の決議書
　（ハ）　批准証書
　（ニ）　営業許可証のコピー

③清算開始日から7日以内に、企業名称、住所、清算開始日、清算原因等を、書面で以下の機関に通知

　設立認可機関、企業の主管部門、税関、外貨管理局、工商行政管理局、税務局（国家税務局・地方税務局）、取引銀行等
④清算開始日から15日以内に、清算委員会を組織

　清算委員会は最低3名で、董事会が董事の中から任命する（中国弁護士、中国公認会計士などの専門家を招聘することも可能）。

　なお、清算委員会の職務は、以下のとおりである。
　（イ）　貸借対照表、財産目録、財産評価案、清算案の作成
　（ロ）　既に知り得ている債権者に対して書面で通知（清算委員会組織後10日以内）し、又、知り得ていない債権者に新聞（全国紙1紙及び地方紙1紙）での公告により通知すること。通知のタイミングは、清算委員会組織後10日以内及び60日以内の2回
　（ハ）　債権回収、及び債務の完済
　（ニ）　残余財産の分配
　（ホ）　清算終了報告書の作成
　（ヘ）　企業登記抹消

　なお、清算委員会は、その設立から10日以内に、清算委員会の工商行政管理局に構成員と責任者の名簿を届け出なければならない。
⑤清算手続と終了

　清算委員会は、清算貸借対照表の作成、債権者への通知、清算公告の掲載、債権・債務の確定と弁済等を行い、清算報告書を作成する。

　清算報告書は、董事会の確認を経た上で、審査認可機関に提出する。
⑥清算報告書提出より10日以内に税務登記・税関登記を抹消

　税務局（国家税務局・地方税務局）、税関の登記を抹消する。清算期間中に、資産処分益等の所得（清算所得）が発生した場合は、清算期間中に納税を完了させる必要がある。税務登記の抹消は、会社登記の抹消の前に行われ、清算の過程においては、通常税務機関による税務調査が行われるのが一般的である。当該税務調査は、中国の税務当局にとって、清算する

企業から税金を徴収できる最後の機会であるため、一般的に長期間に及び、相当細かな指摘を受けるケースが多いようである。

　税関では、日頃の通関手続の適正さに関する検査の他、免税輸入した設備等（税関監督管理設備）の保存状況等も検査の対象となる。

⑦審査認可機関における批准証書の抹消

⑧外貨管理局の送金許可を取得し、余剰資金を外国に送金

　送金終了後、銀行口座を閉鎖する。外貨送金及び人民元の外貨換金に必要な書類は、以下のとおりである。

　　（イ）　申請書
　　（ロ）　外貨登記証
　　（ハ）　対外経済貿易部門の清算許可
　　（ニ）　清算決議書（清算委員会が作成したもの）
　　（ホ）　出資を行った際の検資報告
　　（ヘ）　公認会計士が発行する清算報告
　　（ト）　外貨預金口座の開設通知書
　　（チ）　清算終了日の外貨預金口座明細
　　（リ）　税務登記抹消証明
　　（ヌ）　その他

⑨税務登記抹消後10日以内に企業登記を抹消

　工商行政管理局の企業登記を抹消し、営業許可証を返却する。

　企業登記の抹消については、新聞（全国紙1紙及び地方紙1紙）での公告が必要となる。登記抹消に当たり提出する書類は、以下のとおりである。

　　（イ）　清算委員会が署名した「外商投資企業の登記抹消申請書」
　　（ロ）　審査機関が抹消に同意した許可文書
　　（ハ）　法により行った決議書
　　（ニ）　董事会又は人民法院の確認を経た清算報告書
　　（ホ）　清算公告を掲載した新聞紙面
　　（ヘ）　営業許可証の正本、副本

(ト)　その他関連資料

(2)　清算の税務

①清算会社の清算所得

　中国現地法人を清算する場合の税務処理としては、まずその事業年度開始の日から営業停止日（清算開始日の前日）までの期間を一納税年度として、実際の営業停止日から60日以内に最終年度の申告納税を行う（通常の企業所得税計算）。その後、清算開始日から清算処理が完了するまでの期間を一納税年度として清算所得を計算し、抹消登記の手続を行う前に、税務機関に申告納税を行い、残余財産がある場合には、出資者に分配配当を行うことになる。

　清算所得の所得税処理は、以下のとおりである。
　（イ）　すべての資産について、正味実現可能価額又は取引価格に基づき資産譲渡所得又は損失を認識する。
　（ロ）　債権整理及び債務弁済に係る所得又は損失を認識する。
　（ハ）　未払費用又は前払費用の処理を行う。
　（ニ）　欠損補填を行い、清算所得を確定する。
　（ホ）　清算企業所得税を計算し納付する（当該企業が適用を受けている企業所得税の税率）。
　（ヘ）　出資者に対する分配残余財産、未払配当金を確定する。

【清算所得の計算式】
　●清算所得＝（すべての資産の正味実現可能価額又は取引価格－資産の税務上の簿価）－清算費用－関連税金±債務弁済損益等
　（企業所得税法55条、財税（2009）60号）

②出資者の配当所得及び投資譲渡所得

　まず、投資者への残余財産分配額を計算し、そこから配当所得を減額した後の残額が、株主の投資原価を超える場合には投資譲渡所得を、投資原価よりも低い場合には投資譲渡損失を認識する。配当所得は、残余財産分配額のうち清算企業の未処分利益累計額と利益剰余金累計額における当該

出資者の持分比率により計算される部分である。

なお、日系企業が出資者である場合には、上記配当所得及び投資譲渡所得ともに10％の源泉税率により、源泉徴収が行われる。

【配当所得及び投資譲渡所得の計算式】
- ●残余財産分配額＝全ての資産の正味実現可能価額又は取引価格－（清算費用＋従業員給与＋社会保険＋法定補償金）－（清算企業所得税＋未納税金）－企業債務弁済金
- ●投資譲渡所得（損失）＝残余財産分配額－配当所得－出資者投資原価

③計算例

【前提】（単位：万元）

（イ）清算完了時における清算企業の財務諸表

資　　産　　800 （正味実現可能価額1,000）	負　　債　　500
	資　本　金　200
	未処分利益　100

（ロ）債務免除益25

（ハ）清算費用40

（ニ）従業員給与、社会保険料等35

（ホ）過年度滞納税金5

（ヘ）出資者の投資額（子会社株式）200

■清算所得の計算

（資産の正味実現可能価額1,000－資産の税務上の簿価800）－（清算費用等（35＋40）＋債務免除益25）＝100

清算所得税＝100×25％＝25

・残余財産分配額の計算

資産の正味実現可能価額1,000－（清算費用40＋従業員給与，社会保険料等35）－（清算企業所得税25＋未納税金5）－企業債務弁済金（500－25）＝420

・配当所得　未処分利益100＜残余財産分配額420　∴100

・投資譲渡所得の計算

残余財産分配額420 − 配当所得100 − 出資者投資原価200 ＝ 120

残余財産分配額	420	出資者投資額	200
		投資譲渡所得	120
		配　当　所　得	100

④その他の税務上の留意点

　（イ）　個人所得税の追加納付

　　従業員の労働契約解除に伴い発生する経済補償金等、清算期間においても個人所得税の納付が発生する。また、清算に伴う税務調査においては、過去に遡って、日本人従業員・出張者等に対する中国源泉所得に対する個人所得税の未納付を指摘されることが頻繁にある。

　（ロ）　流通税等の追加納付

　　清算に伴い、全ての資産を換価処分する過程で、在庫や固定資産、不動産等の売却に伴い、増値税や営業税、土地増値税の追加納付が発生するケースがある。また、税関において、免税在庫の保税状態での移動が認められない、免税設備の監督期間（５年）を経過していないような場合には、関税や輸入増値税の追加納付が発生する可能性がある。

　（ハ）　清算期間における損失の企業所得税損金不算入

　　債権の回収や資産処分の過程において発生した貸倒損失、在庫の処分損失、固定資産等の廃棄損失等について、税務当局の認定が受けられず、清算所得の企業所得税計算上、損金に算入できない場合がある。

4.　中国子会社の清算・撤退に伴う日本側での税務

(1)　概　　説

　中国への進出は、子会社形態だけでなく、駐在員事務所、支店等の形でも行われている。しかし、支店、駐在員事務所等の場合にあっては、日本サイドからみれば自分の体の一部である。そのため、それらの支店等の閉鎖に伴う資産等の処分により生じた損益は、ただちに自己の損益として日

本サイドの損益に取り込むことが可能である。

　それに対し、法人形態により進出した場合、現地の法人は日本の株主である内国法人（親会社）又は個人とは独立した別個の存在である。したがって、現地法人が清算された場合に資産の処分等により生じた清算所得等に対する課税は、第一義的には、現地である中国でなされることになる。そして、わが国で課税問題が生じるのは、残余財産の分配等及び出資金の清算等ということになる。

　そして、わが国での課税は、残余財産の分配が、清算された中国法人の資本金又は出資金の額を超えてなされるか否かによって、大きく異なる。

(2) 現地法人の清算に伴って生じる残余財産の分配額が当該清算法人の資本金等の額を超える場合

　現地法人の清算に伴い、一般的には残余財産の分配がなされるが、それらの分配額が当該清算法人の資本金等の額を超えてなされた場合には、株主サイドには「みなし配当」課税問題が生じてくる。これは、株主が内国法人の場合であっても居住者である個人であっても同様である。

　ただし、課税の方法は、法人株主と個人株主の場合とで大きく異なる。

　また、株主サイドにおける現地法人（清算法人）の株主又は出資金に付された帳簿価格が当該清算法人の資本金等の額と異なる場合には、それらの株式の譲渡損益についても認識しなければならない。

【資本金又は出資金自体の払戻し部分に対し源泉課税がなされた場合】

　なお、資本金又は出資金自体の払戻しは、資本の払戻しに相当するので、基本的には現地での課税はないと思われる。しかし、例えば米国などのように資本の払戻し相当分に対し、現地で源泉徴収が行われることもあり得る。その場合、それ（資本の払戻し部分に係る源泉税）をわが国でどう扱うかという点で問題となってくる。この点については、たとえ現地で源泉徴収がなされたとしても、その分はわが国の税法上でいう外国法人税には該当しないので、外国税額控除の対象とすることは認められない（平

成12年6月30日採決、採決事例集NO. 59, 178頁)(注)。

(注) ちなみに、わが国の法人税法上、外国税額控除の対象となる外国法人税とは、外国の法令に基づき、外国又はその地方公共団体により**法人の所得を課税標準として課される税**とされている(法法69①、法令141①)。

したがって、たとえ現地で資本の払戻し部分に対し、みなし配当として源泉課税が行われたとしても、その分は法人税法第69条及び同法施行令第141条にいう「**法人の所得を課税標準として課された外国法人税**」には該当しないので、外国税額控除は受けられない。

なお、解散又は清算した子会社等の清算所得が通常の配当である場合、解散した外国法人の株主等が日本の親会社であり、かつ、その親会社が当該外国子会社の発行済株式又は出資の総額の25％以上(租税条約によりこれより低い所有制度を定めているときはその制度以上)を保有し、かつ、当該配当等の額の支払義務が確定する日以前6ヵ月以上継続して所有しているときは、一定の申告手続を条件に、当該受取配当等の額の5％を控除した金額(受取配当の95％相当額)を益金の額に算入しないことができることとされている(法法23条の2、法令22条の4、法規8条の5)(注)。

(注) 但し、それらのみなし配当部分につき、中国サイドで源泉税等が課された場合、その分については、親会社の所得の金額の計算上、損金の額に算入することは認められていない(法法39条の2)。

また、その源泉徴収額について、外国税額控除の対象とすることもできない(法法69条1項、法令12条の3第7項3号)。

具体的には、次のようになる。

① **具体例**

(例1) 中国の子会社S社の株式の100％を有する内国法人P社が、S社の解散に伴い、1,000の残余財産の分配を受けた。

分配時におけるS社の資本構成は、資本金等の額600、利益積立金400であった。

P社におけるS社株式の帳簿価額は500だった。この場合におけるP社の

税務上の処理は次のようになる（但し、中国での源泉税は考慮していない。）。

現　　　金　1,000	S　社　株　式　500
	受　取　配　当　金　400（みなし配当金）
	S社株式譲渡益　100

これを図示すると、次のようになる。

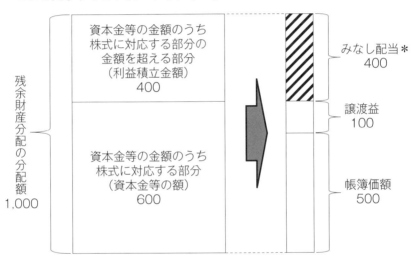

＊ただし、みなし配当のうち95％相当額は、P社では益金不算入となる（法法23条の２）。

なお、中国で源泉税が課税されている場合、その分は損金不算入となり（法法39条の２）、外国税額控除も受けられない（法法69条１項、法令142条の３第７項３号）。

（例２）

　他の条件は例１と同じ。

　ただし、P社におけるS社の帳簿価額は800だった。

　この場合におけるS社解散に伴うP社の税務処理は次のようになる。

現　　　　　金 1,000	S　社　株　式 800
S社株式譲渡損　200	みなし配当　400

これを図示すると、次のようになる。

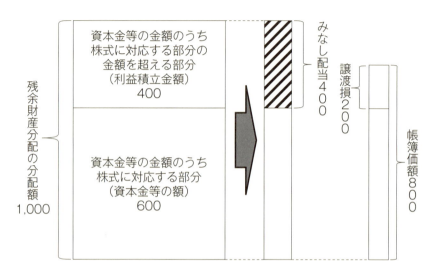

②海外投資等損失準備金の取崩しと益金算入

　中国子会社の出資者が法人の場合、青色申告書を提出する内国法人が、海外で資源開発又は探鉱等を行う法人（いわゆる「特定法人」）の株式を取得し、それを引き続き保有している場合には、それらの株式等の価格の低落による損失に備えるため、取得価額の一定割合を海外投資等損失準備金として積み立て、その分を損金の額に算入することが認められている（措法55条1項）。

　そして、それらの特定法人が解散した場合（適格合併による解散を除く。）には、それらの株式を有する内国法人は、当該特定法人が解散した日の属する事業年度において、その当該準備金の全額を取り崩し、益金の額に算入しなければならないこととされている（同条4項4号）。

　このような事例が生じる場合は少ないと思われるが、それだけに誤りが生じやすいとも思われるので、念のため、注意してほしい。

③解散会社の株主が個人の場合

　解散した中国法人の株主が個人の場合、法人株主に認められている受取配当益金不算入制度の適用はないので、みなし配当の全額が課税所得として課税されることになる（所法25条1項3号）。

　しかも、配当控除も受けられない（所法92条1項かっこ書きで、外国法人から受けた配当については、それらの外国法人が国内に恒久的施設を有していた場合でない限り、配当控除の対象にならない。）。

　この点で、解散又は清算されることとなった子会社の株主が内国法人である場合に比べて、不利な扱いとなっている。

(3)　清算時における子会社の純資産が出資金等の額以下の場合

　子会社清算時における当該子会社の純資産額が出資金額以下の場合には、たとえ子会社が清算されたとしても、その株主である日本の親会社又は個人が手にできる資金は出資金に満たないことになる。したがって、わが国での課税問題は原則として発生しない（注）。

　　（注）　ただし、為替レートの如何によっては、清算配当の額が出資金の額を超える場合もあり得る。その場合は、為替差益相当分は、雑益（個人株主の場合にあっては事業所得）として処理されることになる（法法22条2項、所法35条）。

　現地子会社が成功している段階で解散する例は考えにくいため、実際にはこのようなケースで行われる子会社整理（解散、清算）が圧倒的に多いと思われる。

①解散する中国子会社の株主が日本の内国法人である場合

　法人税法では、内国法人が有する有価証券につき、その有価証券を発行する法人の財務状態が著しく悪化したため、その価額が著しく低下した場合には、たとえそれらの有価証券を発行している法人の解散前であっても、評価損の計上ができることとされている（法法33条3項、法令68条1項2号イ）（注）。

(注) ちなみに、ここでいう「有価証券の評価損が計上できる場合」とは、「当該有価証券を発行している法人の当該事業年度終了の時における価額がその時の帳簿価額のおおむね50％相当額を下回ることとなり、かつ、近い将来その価額の回復が見込まれない場合をいうこととされている（法基通9－1－7）。

同様に、会社更生法等に基づく認可決定等があった場合にも、評価損の計上が認められている。

(注) ちなみに、これに類するものとして、次の事実が発生した場合があげられている（法基通9－1－9(1)）。
イ．特別清算開始の命令があったこと
ロ．破産手続開始の決定があったこと
ハ．再生手続開始の決定があったこと

これらの評価損の計上は、完全支配関係にある内国法人の間では認められていない（法法33条5項）が、中国の会社は外国法人であるため、中国子会社が上記のいずれかに該当していれば、株主である内国法人の段階で、原則として評価損の計上が認められることになる（注）。

(注) ただし、中国の会社法制度はわが国のそれとは一部異なっているので、評価損の計上に若干の差が生じる可能性がある。

次に、清算により残余財産の分配を受ける場合において、残余財産が存在せず、又はその分配額が資本金等の額に満たない場合には、出資者である内国法人における中国子会社株式等の解散直前における帳簿価額（基本的には中国子会社の資本金等の額）が、譲渡原価（A）となる（法法61条の2第17項）。

また、解散した法人から資本の払戻し又は残余財産として金銭その他の資産の分配又は交付を受けた場合には、その分が新たな資産（B）となる（同前）。

その結果、内国法人には（B）－（A）の譲渡損が生じることとなる（注）（法法61条の2第1項1号・17項、法規27条の3第2号・第14号）。

(注) ただし、分配が複数回にわたって行われるときは、その分配の都

度、一部分配直前のその株式等の帳簿価額から、その一部分配時に譲渡原価として損金算入した金額の残額を、その株式の取得価額として、これらの計算を行うこととなる（法令119条の3第15項、119条の9第1項）。

なお、内国法人が100％の株式を保有している中国の子会社に多額の期限切れ欠損金等があり、資本金等の額がマイナスになっていたとしても、解散等に伴い、中国子会社が計上していた欠損金を内国法人に引き継ぐことはできない。この点で、完全支配関係にある内国法人同士の場合と異なるので、注意が必要である。

②解散する中国子会社の株主が個人居住者である場合
　業績不振によって、中国の子会社を解散する場合、解散に伴って株主が受ける清算配当金は全くないか、あったとしても出資価額には満たないであろう。このような場合、みなし配当部分はないと考えられるので、法人株主の場合と同じく、出資価額と清算配当金との差額相当額分について株式の譲渡損となる。しかし、株式等の譲渡により生じた所得については、他の所得との損益通算は認められていない（措法37条の10）。

(4)　解散又は清算することとなった中国子会社に貸付金がある場合

①貸手が内国法人の場合
　子会社が不振に陥った場合、親会社が行う財務面での最初の救済策は資金面での手当てであろう。その場合、増資の形で行うか貸付金の形で行うかは出資者サイドでの経営判断ということになるが、多くの場合行われているのは貸付金である。また、多くの場合、中国の子会社等との間で取引があることから、当該取引によって生じた売掛金等の扱いも問題となってくる。それでも経営再建ができず、清算（解散）に至った場合、これらの貸付金（もしくは売掛金）はその全額もしくは大部分が回収不能となる。
　中国子会社の清算等によって、貸付金（もしくは売掛金）等の金銭債権

の回収が不能となった場合において、債権者である日本の親会社はそれらの債権の回収ができなくなる。したがって、その場合には、当該貸付金のうち、回収不能となった分について貸倒れとして損金算入することが可能である（法法22条3項）。

② 貸付人が個人（居住者）である場合

　中国子会社への貸付金の貸付人が個人居住者であった場合には、それらの貸付金が、その個人にとって「事業の遂行上生じた売掛金、貸付金、前渡金その他これらに準ずる債権」であったか否かによって税務上の取扱いが異なってくる（所法51条2項）。

　すなわち、これらの債権等が不動産所得、事業所得又は山林所得を生ずべき事業に係る事業の遂行上生じた債権等が貸倒れになったのであれば、その年の所得の金額の計算上、必要経費として控除することができるが、それ以外の場合であれば、原則として控除不可である（注）。

　（注）　ただし、例えば、不動産所得もしくは雑所得のそれぞれの範囲内での控除（所法51条4項）、もしくは資産の譲渡代金が回収不能となった場合における各種所得の金額の計算上なかったこととされる控除（所法64条1項）等の特例が適用になる場合もあり得る。

(5)　子会社株式等の売却

　業績不振の子会社の処理策として考えられるもう1つの方法は、子会社株式の売却である。

　清算や解散等による撤退の場合、現地の法令手続が煩雑になることも多いことから、子会社株式の売却による撤退が選好されることも少なくない。その場合、買手との間で売買価格を決定するということになるが、買手側から何らかの形で追加負担を求められるのが通例である。このような追加負担については、寄付金に該当するのではないかという疑問が生じる。しかし、「法人がその子会社等の解散、経営権の譲渡等に伴い、当該子会社等のために債務の引受けその他の損失負担又は債権放棄等をした場

合においても、それらの損失負担等をしたことについて相当な理由があると認められるときは、それらの負担等により供与する利益の額は、寄附金等の額に該当しない。」ものとして取り扱うこととされている（法基通9－4－1）。したがって、この場合、親会社である内国法人が負担した追加資金投入等は寄附金ではなく損金である。ただし、この取扱いは、株主等が法人の場合に限られている。

(6) 清算・撤退はしないものの業績不振に陥っている場合

中国子会社が業績不振に陥っている場合、再建の見込みがないのであれば、清算ということになる。しかし、当該子会社の状況等や中国事情の将来性に着目し、もう少し状況をみてみたいというケースも少なくない。その場合、出資者又は債権者にとって税務上問題となってくるのが、株式等の評価損及び貸付金等の貸倒損失の計上可能性についてである。

①有価証券の評価損
（イ）株主等が内国法人の場合

内国法人が有する資産については、原則として評価損の計上は認められていない（法法33条１項）。ただし、その資産が有価証券であって、その有価証券を発行する法人の資産状態が著しく悪化したため、その価額が著しく低下した場合又はそれに準ずる特別の事実がある場合には、当該事案の評価損として損金経理によりその帳簿価額を減額することで、当該資産の帳簿価額との差額に達するまでの金額を損金の額に計上することができることとされている（法法33条２項、法令68条１項２号ロ・ハ）(注)。

> (注) 上場有価証券については、これとは若干異なる評価損の計上基準が定められている（法令68条１項２号イ）が、日系企業の中国子会社のほとんど全ては非上場と思われるため、ここでの説明は省略している。

すなわち、中国子会社の資産状況が著しく悪化した場合には、その出資者である内国法人（親会社）の段階で評価損が計上できるということであ

る。

　なお、「有価証券の価額が著しく低下したこと」とは、当該有価証券の当該事業年度終了の時における価額がその時の帳簿価額のおおむね50％相当額を下回ることとなり、かつ、近い将来その回復が見込まれないことをいうとされている（法基通9－1－7及び法基通9－1－9)（注）。

　　（注）　ただし、親会社が中国子会社の増資に係る新株を引き受け、払込みをした場合には、仮に中国子会社が増資直前に債務超過の状態にあり、かつ、その増資後においても、なお債務超過の状態が解消していなかったとしても、その段階で評価損の計上をすることは認められていない（法基通9－1－12)。

　また、既存の会社に資本参加する形又は既存株主から株式を買収する形で子会社とした場合において、いわゆる企業支配に係る対価部分（資産価額超過部分）がある場合には、日本の親会社が中国子会社の企業支配の状態を継続している限り、たとえ当該子会社の資産状態が著しく悪化したとしても、その部分については評価減の計上は認めないこととされている（法基通9－1－15)。

(ロ)　株主等が個人居住者の場合

　株主等が個人居住者の場合にあっては、たとえその所有する株式等の時価が著しく低下したとしても、内国法人の場合のように評価損を必要経費として計上することは認められていない。

②中国子会社に貸付金等を有している場合
(イ)　債権者が内国法人の場合

　内国法人（親会社）が中国子会社に貸付金等の金銭債権を有している場合、かつては将来に発生することが見込まれる貸倒損失に備えるため、貸倒引当金の計上が認められていた（法法52条、措法57条の10)。しかし、平成23年12月の税制改正で、この制度の適用を受けられる法人が期末資本金額1億円以下のいわゆる中小法人及び銀行・保険会社等のみに限定され

ることとなった（法法52条1項・2項・9項、法令96条9項、平成23年12月改正法附則5条1項）。ただ、経過措置として、平成27年3月31日までに開始する事業年度（「経過措置事業年度」）については、改正前の規定により計算した個別貸倒引当金（個別及び一括）の改正前の繰入限度額に、次の割合を乗じて計算した金額を繰入限度額として計算することができることとされている（平成23年12月所得税等改正法附則13①、同法令附則4①）。

「経過措置による貸倒引当金の損金算入限度額割合」

・平成24年4月1日から平成25年3月31日までの間に開始する事業年度	3/4
・平成25年4月1日から平成26年3月31日までの間に開始する事業年度	2/4
・平成26年4月1日から平成27年3月31日までの間に開始する事業年度	1/4

また、貸倒れ損計上のための要件（発生した事実等）について、

イ．「法律上の貸倒れ」の場合にあっては、更生計画、特別清算等による切捨てだけでなく、関係者の協議決定による切捨て、債権者の債務超過の状態が相当期間継続しており、回収が見込めない場合において書面によりなされた債務免除なども含まれている（法基通9－6－1）。

ロ．「事実上の貸倒れ」の場合にあっては、財務者の資産状況、支払能力等からみて全額が回収できないことが明らかになったこと等が要件とされている（法基通9－6－2）。

ハ．「形式上の貸倒れ」は、売掛金を対象としたものである。そのため、債務者との取引停止後1年以上経過したこと又は売掛債権の総額が取立費用に満たないこと等が要件とされている（法基通9－6－3）。

また、法人が有する金銭債権について、債務者の財務状況等の悪化に伴

い、その全部又は一部が回収できなくなった場合には、その事実の発生した日の属する事業年度において、貸倒れとして当該法人の所得の金額の計算上、損金の額に計上することが認められている（法法22条2項3号）。

しかし、実際に、貸倒損失が発生したか否かについては、事実認定によらざるを得ない面も多い。そこで、法人税法基本通達では、貸倒損失として損金計上が認められるための要件となる事実の発生及び処理方法等について、債権の種類別に応じ次のように定めている（法基通9－6－1～3）。

〔債権種類別の事実の発生及び処理方法〕

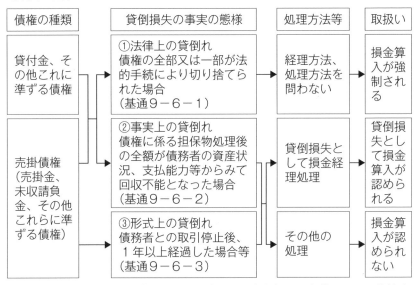

（資料出所：大蔵財務協会『図解法人税（平成25年版）』、一部修正のうえ抜粋。）

〔貸倒れの種類別にみた要件・対象金額及び損金算入時期一覧〕

区分	発生した事実等		対象金額	損金算入時期
①法律上の貸倒れ（基通9－6－1）	更生計画認可の決定又は再生計画認可の決定による切捨て（基通9－6－1(1)）		切り捨てられることとなった部分の金額	その事実の発生した日を含む事業年度
	特別清算に係る協定の認可による切捨て（基通9－6－1(2)）			
	関係者の協議決定による切捨て	○債権者集会の協議決定で合理的な負債整理を定めたもの（基通9－6－1(3)イ）		
		○行政機関、金融機関その他第三者の斡旋による当事者間の協議により締結された契約で合理的な基準によるもの（基通9－6－1(3)ロ）		
	債務者に対し書面による債務免除（債務者の債務超過の状態が相当期間継続し、その弁済を受けられないと認められる場合に限る（基通9－6－1(4)）		債務免除の通知をした金額	
②事実上の貸倒れ（基通9－6－2）	債務者の資産状況、支払能力等からみて全額を回収できないことが明らかとなったこと（担保物のない場合に限る）		金銭債権の金額（注1）	回収できないことが明らかとなった事業年度
③形式上の貸倒れ（基通9－6－3）	債務者との取引停止後1年以上経過したこと（担保物のない場合に限る）（基通9－6－3(1)）		売掛債権の額から備忘価額を控除した金額（注2）	取引停止後1年以上経過した日以後の事業年度
	同一地域の売掛債権の総額が取立て費用に満たない場合において督促しても弁済がないこと（基通9－6－3(2)）			弁済がないとき以後の事業年度

（資料出所：同前、一部修正のうえ抜粋。）

(ロ) 債権者が個人（居住者）の場合

　中国子会社の債権者が個人（居住者）である場合には、当該子会社が存続している限り、個人の段階では、それらの債権が貸倒れになったとみなされる余地はないと思われる。

　なお、それらの債権等を売却することにより譲渡損が認識されることになったとしても、当該債権等の発生原因が事業所得に該当するものでない

限り、他の所得との損益通算は認められない。

第7章
その他の問題点

1. 頻繁な通達改正と大きな裁量可能性

　中国に限らず、他の途上国にも共通していえることではあるが、特に中国で顕著にみられるのは頻繁な通達改正である。そのため、専門家や関係機関等に通い、随時最新の情報入手が必要である。

　また、通達の多くは規定ぶりがあいまいで抽象的なものとなっているため、税務当局や担当者の裁量の余地が大きい。

　権利救済機能が十分にワークしていない状況下における、このような税務執行は、通達がなかんずく担当者によるその解釈が実質的に法令と同等の効力を有しているということでもある（注）。

　　（注）　この点について、前述した経産省「新興国における課税問題の事例と対策（詳細版）」（以下、「経産省資料」という。）12頁では、次のように指摘し、注意を喚起している。

・通達が年間数百本発出され、中には、非公開の通達等も存在し、それを根拠に課税することもあると言われる。
・多くの通達等は、規定が曖昧で抽象的な表現になっているため、これが地方税務当局や税務担当官の裁量の余地を広く認める原因になっている。
・新しく発出された通達等が、公布日を遡って適用されることがある。
・取引ごとに「発票」という公的な領収書が必要となり、発票がないと損金算入することができない。

2. 地域レベル・担当官レベルにおける差異の存在

このように頻繁な通達の発出は、当然のことながら、地域レベル又は担当官レベルによる運用面での差となって納税者に降りかかってくる。法令や通達、租税条約などについての理解、解釈が地域や担当官によって差があるということは、他の新興国においてもみられるが、中国においては、その広大さによる地域差等もあって、より大きくなる傾向がある。そして、これは、移転価格税制の分野においても同様である。

このような状況が生じる要因としては、頻繁な通達の発出等により、地方政府において受け入れ体制等の準備が未整備であること、上海等では外国人が多く本法律の与える影響が多大になること、税収目標の達成度合い等にあると言われている。

3. 現地子会社に対するみなしPE課税

現地子会社への出向者の給与を親会社が立て替えて支払っている場合、出向元親会社のための業務をしているとして、みなしPE課税を受ける事例が頻発している。しかも、この種の課税を受け入れなければ、納税証明書の発行が受けられず、ロイヤルティ等の海外送金が認められないというケースも生じている（経産省資料9頁）。

同様のことは、駐在員事務所や出張者に対するPE認定課税についてもみられる（経産省資料8頁）。

このうち、駐在員事務所については、日中租税条約（5条4項（e））では、「企業のために、その他の準備的又は補助的な性格の活動を行うことのみを目的として、事業を行う一定の場所を保有すること」は、恒久的施設には含まれない旨が明記されている。しかし、現場では、商業行為を一切しておらず、本社への連絡業務のみを行っている駐在員事務所が、人件費、場所代等の経費をベースにみなし利益率を適用してPE課税されるという事例が生じている（経産省資料8頁）。

また、2010年に出された国家税務総局通達（国税発（2010）18号）では、「原則免税、営業活動があれば課税」とされてきた、それまでの考え方を改め、「原則課税、免税は別途申請」との方針が打ち出された。その結果、従前であれば全く問題とならなかった地方公共団体や独立行政法人の駐在員事務所等も原則としてPE認定の対象となり、免税資格を得るためには、申請が必要となった（経産省資料8頁）。

4. 出張者に対するPE認定問題

日中租税条約（5条3項）では、「建設工事現場又は建設、組み立て工事もしくは据付工事もしくはこれらに関連する監督活動は、6ヵ月を超える期間存続する場合に限り「恒久的施設」に該当するとしている。

しかし、6ヵ月基準の定義があいまいなことから、1ヵ月に1日ずつ滞在し、それが6ヵ月を超えるような場合、（滞在期間が極端な場合はわずか6～7日にすぎない場合）についてもPE認定がなされるような事例も生じている（経産省資料8頁）。

5. 納税者の権利救済

(1) 制度の概要

納税者が当局の課税処分又は徴収処分に不服がある場合、中国でも不服申立てができることとされている（いわゆる「行政復議」）。申立期間は当該処分がなされたことを知った日から60日以内である（税務行政復議規則13条）。

この制度は、わが国の「異議申立て」に相当する手続であるが、取扱いはわが国のように調査又は徴収を担当する部局ではなく、一般の部局である（同規則10条）。ただし、申立てをするためには係争に係る税額の納付又は担保提供が必要とされている。そこで出された決定になお不服がある

場合には、人民法院に行政訴訟を提起するか、国務院に裁決を申請し、国務院の裁決を最終裁決とするかのいずれかを選択することができることとされている（同規則11条）。

なお、申請者は行政法院に直接訴訟を提起することも可能であるが、その場合には行政復議の申請は認められない（同規則19条）。

(2) 実務上の問題点

このように、不服申立てをはじめとする権利救済のシステム自体は、わが国のそれに近いものになっている。

しかし、実務においては、当局の処分に不服があるとして不服申立てをした場合、それ以降、税務当局の監視がより厳しくなるとか、訴訟を提訴しても妥当な判断が下される可能性が低いと言われており、この面に期待することは実質上不可能と考えられる（経産省資料17頁）(注)。

(注) ちなみに、経産省資料には、次のような記述がなされている。
【中国】
・企業が、税務当局の課税措置に不服がある場合には、異議申立てを行うことができる。しかし、異議申立てを行うとそれ以降の税務当局の監視がより厳しくなること、他の案件で課税措置を受けてしまう恐れがあること等を危惧して、異議申立てを行いづらいとの声がある。
・また、行政訴訟に申立てしたとしても裁判官は税務の専門家ではないため、妥当な判決が下される可能性が低いと指摘される。

6. 社会保険への強制加入

税金に直接絡む話ではないが、進出企業にとって注意しなければならないのは、派遣従業員に係る中国の社会保険制度への強制加入である（外国人の社会保険参加暫定弁法（2011年））。

日本から海外に従業員等を派遣する場合、主要先進国との間では、租税条約に準じた形で「社会保障協定」が締結されており、一定期間（通常の

場合 5 年）内であれば、自国の社会保険加入を条件に、派遣先国での社会保険加入は免除されている。しかし、対中国との間では、2011年（平成23年）から2012年（平成24年）まで、3回にわたり政府間交渉が行われたものの、その後中断しており、現在に至っても署名まで至っていない。そのため、日本からの出向者等については、原則として全員が中国の社会保険制度への加入が必要とされている。このような状況下において、2011年 9 月には、外国人の社会保険加入を義務付ける法律が制定された。その結果、今後この問題が大きくクローズ・アップされることになるのではないかと見込まれている。

ちなみに、こうした出向者は、日本でも社会保険に加入しているので、結果的に日中双方でダブルに社会保険加入となる。

7．OECDの最近の動向（BEPSプロジェクト）

欧米のIT関連等のベンチャー型多国籍企業を中心とした濫用的租税回避の問題に鑑み、2012年 6 月にOECD租税委員会本会合において、「BEPS (Base Erosion and Profit Shifting；税源浸食と利益移転) プロジェクト」がスタートした。このプロジェクトは、現在のグローバル市場における多国籍企業の積極的なタックスプランニング（それに伴う国際的租税回避行為）や、知的財産・情報通信技術の開発等のビジネス環境の変化に、現行の国際課税ルールが追い付いていないという問題意識からスタートしているが、2013年 8 月にはG 8 サミットで当該「BEPSプロジェクト」を支持する声明が出され、同年OECD租税委員会本会合において、それぞれ期限を定めた15項目からなる「BEPS行動計画」が正式に承認された。そして、2013年 7 月のG20サミットにおいても、当該「BEPS行動計画」が承認されるなど、政治的にも大変注目され、大きく取り上げられている。

この問題は、現在OECD租税委員会で議論中の段階であるが、中国等途上国サイドからは、グローバル化された経済活動に対する国際課税のスタンダードを欧米中心のOECD加盟国のみで議論するのはいかがなものかと

いう批判があった。そこで、G20の中でOECDの非加盟国8ヵ国（中国、インド、ロシア、アルゼンチン、ブラジル、インドネシア、サウジアラビア、南アフリカ）も正式メンバーと同じ立場で、オブザーバーとして参加している。中国もこのBEPSプロジェクトに積極的に取り組んでいくことを表明している。

　ちなみに、BEPSプロジェクトにおいて検討対象とされているのは、次の15項目である。

【OECD租税BEPS行動計画】

行動	項目	内容	期限
1	電子商取引課税	電子商取引により、他国から遠隔で販売、サービス提供等の経済活動ができることに鑑みて、電子商取引に対する直接税・間接税の在り方を検討する報告書を作成。	2014年9月
2	ハイブリット・ミスマッチ・アレンジメントの効果否認	ハイブリッド・ミスマッチ・アレンジメント（二国間での取扱いが異なることを利用して、両国の課税ともを免れる取引）の効果を無効化又は否認するモデル租税条約及び国内法の規定を策定。	2014年9月
3	外国子会社合算税制の強化	外国子会社合算税制に関し、各国が最低限導入すべき国内法の基準について勧告を策定。	2015年9月
4	利子等の損金算入を通じた税源浸食の制限	支払利子等の損金算入を制限する措置の設計に関して、各国が最低限導入すべき国内法の基準について勧告を策定。 また、親子会社間等の金融取引に関する移転価格ガイドラインを策定。	2015年9月 2015年12月

5	有害税制への対抗	OECDの定義する「有害税制」について、 ①透明性や実質的活動等に焦点をおいた現在の枠組みを十分に活かして、加盟国の優遇税制を審査。	2014年9月
		②現在の枠組みに基づきOECD非加盟国も関与させる。	2015年9月
		③現在の枠組みに基づき改訂・追加を検討。	2015年12月
6	租税条約乱用の防止	条約締約国でない第三国の個人・法人等が不当に租税条約の特典を享受する濫用を防止するためのモデル条約規定及び国内法に関する勧告を策定	2014年9月
7	恒久的施設(PE)認定の人為的回避防止	人為的に恒久的施設の認定を免れることを防止するために、租税条約の恒久的施設(Permanent Establishment: PE)の定義を変更	2015年9月
8	移転価格税制 (①無形資産)	親子会社間等で、特許等の無形資産を移転することで生じるBEPSを防止する国内法に関する移転価格ガイドラインを策定。	2014年9月
		また、価格付けが困難な無形資産の移転に関する特別ルールを策定	2015年9月
9	移転価格税制 (②リスクと資本)	親子会社間等のリスクの移転又は資本の過剰な配分によるBEPSを防止する国内法に関する移転価格ガイドラインを策定	2015年9月
10	移転価格税制 (③他の租税回避の可能性が高い取引)	非関連者との間では非常に稀にしか発生しない取引や管理報酬の支払いを関与させることで生じるBEPSを防止する国内法に関する移転価格ガイドラインを策定。	2015年9月

11	BEPSの規模や経済的効果の指標の集約・分析	BEPSの規模や経済効果の指標を、政府からOECDに集約し、分析する方法を策定。	2015年9月
12	タックス・プランニングの報告義務	タックス・プランニングを政府に報告する国内法上の義務規定に関する勧告を策定。	2015年9月
13	移転価格関連の文書化の再検討	移転価格税制の文書化に関する規定を策定。多国籍企業に対し、国ごとの所得、経済活動、納税額の配分に関する情報を、共通様式に従って各国政府に報告させる。	2014年9月
14	相互協議の効果的実施	国際税務の紛争を国家間の相互協議や仲裁により効果的に解決する方法を策定。	2015年9月
15	多国間協定の開発	BEPS対策措置を効率的に実現させるための多国間協定の開発に関する国際法の課題を分析。その後、多国間協定案を開発する。	2014年9月 / 2015年12月

　上表の行動計画8の「移転価格税制（①無形資産）」においては、今まで実務的に極めて移転価格の発動が難しかった無形資産についても、現実的なガイドラインを作成しようという議論がなされており、例えば、親子会社間で譲渡当時はそれほど経済価値があると考えていなかった無形資産について、子会社がその無形資産を活用して経済活動を行った後、非常に経済的な価値があることが判明したような場合に、その結果生じた経済価値に相応しい課税を行う（所得相応性基準）ようなルールを、OECDとして公式に認知するか等が論点となると考えられる。

　この点について、中国では、中国の現地子会社が赤字であるのに、日本の親会社にロイヤルティを支払うのはおかしい、現地で独自に開発された無形資産があるはずである等として、問題にされる事例がみられる。特に前者の場合、ロイヤルティの送金自体が認められないというような事例も

発生している。

　また、行動計画13の「移転価格関連の文書化の再検討」について、OECDは、2014年9月16日に、多国籍企業のグループ間国際取引に関して、その価格の決定方法等を当該企業が所在する国において税務申告の際に報告することを義務付けるとした報告書を公表した。日本においては、今後、当該報告義務を課す対象企業の範囲をどうするか（現状では、資本金1億円超の法人が有力）等に注目が集まるが、議論の方向性次第では、平成22年度の税制改正で明確化されたものの、今まで不本意な推定課税を回避するために行われてきたわが国の移転価格文書化が、罰則規定や申告時点での文書化を強制的に求めるいわゆる同時文書化に改正される可能性も高い。

　わが国の多国籍企業は、欧米企業に比べてさほど積極的なタックス・プランニングを行ってきているわけではない。そのため、一般的にいえば今回のプロジェクトを契機に、各国課税当局からこの点について指摘を受けるリスクはさほど高くないと思われる。しかし、日中間で生じる二重課税問題については、課税処分の決定と相互協議による課税処分変更を行う権限を有する機関が同一の機関（反避税処）であること、また、昨今の日中関係の悪化等により、一旦課税がなされると二重課税が救済される可能性は極めて低い。なお、行動計画13では、企業グループ全体の売上、資産、人件費等の情報（マスター・ファイル）に加え、進出先国別にも売上、資産、人件費、従業員数等に関する情報（カントリー・バイ・カントリー・レポート）の提出が義務付けられる方向で議論が進んでいる。その結果、例えば従業員1人当たりの給与等が全世界との対比で明らかになってくることから、これらの情報が従業員の賃上げ要求など税務以外の面に波及する可能性がある。こうしたリスクへの備えとして、現地企業においても、文書化等に際しBEPSの動き等も踏まえながら慎重に検討する必要があるように考える。

付　録

1. 中華人民共和国企業所得税法・第6章　特別納税調整
2. 中華人民共和国企業所得税法実施条例・第6章　特別納税調整
3. 特別納税調整実施弁法（試行）
4. 中華人民共和国税収徴収管理法（移転価格関連条文）
5. 中華人民共和国税収徴収管理法実施細則（移転価格関連条文）
6. 国家税務総局発「中華人民共和国企業年度関連業務往来報告表」の発布に関する通達
7. 財政部　国家税務総局発・企業の関連者利息支出の税前控除基準についての租税政策問題に関する通知
8. 国税発〔2005〕115号－国家税務総局発・「中国居民（国民）による租税に関する相互協議手続開始の申立てについての暫定弁法」の公布に関する通達
9. 国税函〔2009〕363号－クロスボーダーの関連取引の監視及び調査の強化に関する通知（抄）
10. 所得に対する租税に関する二重課税の回避及び脱税の防止のための日本国政府と中華人民共和国政府との間の協定（「日中租税条約」）

参考資料（1）中華人民共和国企業年度関連業務往来報告表
参考資料（2）企業年度関連交易財務状況分析表
参考資料（3）企業比較性要因分析認定表
参考資料（4）相互協議手続開始申請書
参考資料（5）事前確認正式申請書

1．中華人民共和国企業所得税法・第6章　特別納税調整

第41条　企業とその関連者の取引が独立企業間原則に合致せず、企業又はその関連者の課税収入又は所得額を減少させた場合、税務機関は合理的な方法に従い調整を行うことができる。企業とその関連者が共同で無形資産の開発を行う、譲渡を受ける、あるいは共同で労務を提供したり、受ける場合に発生する原価は、課税所得額を計算する際、独立企業間原則に従って分担しなければならない。

第42条　企業は、その関連者との取引に関する価格決定原則と計算方法を税務機関に対して提出することができ、税務機関は企業と協議、確認した後、事前確認を行うことができる。

第43条　企業は、税務機関へ年度企業所得税納税申告表を提出する際、その関連者との取引について年度関連業務往来報告表を添付しなければならない。税務機関が関連者取引の調査を行う際、企業やその関連者及びその関連者取引の調査に関係のあるその他の企業は、規定に従って関連資料を提供しなければならない。

第44条　企業がその関連者取引に関する資料を提供しない、または虚偽の資料や不完全な資料を提供するため、その関連者取引の状況が正しく反映されない場合、税務機関は法によりその課税所得額を査定する権限を有する。

第45条　居住者企業、又は居住者企業と中国居住者が支配する実際の税負担が本法第4条第1項に規定する税率基準を明らかに下回る国（地域）に設立された企業が、経営上の合理的な要請なく利益を分配しない、または分配を減らす場合、上述の利益中の当該居住者企業に帰属する部分については、当該居住者企業の当期の収入に計上しなければならない。

第46条　企業がその関連者から受け取る債権性投資と権益性投資の比率が規定の基準を超えている場合、その超過部分に対して発生した利息支出は課税所得額を計算する際に控除してはならない。

第47条　企業が合理的な商業目的を持たないその他の取引を実施し、その課税収

入又は所得額を減少させた場合、税務機関は合理的な方法に従って調整する権限を有する。

第48条 税務機関が本章の規定によって納税調整を行い、追徴課税が必要である場合、税を追徴し、かつ国務院の規定に従って利息を徴収しなければならない。

2．中華人民共和国企業所得税法実施条例・第6章　特別納税調整

第109条　企業所得税法第41条にいう関連者とは、企業と以下の関連関係のうちの一つを有する企業、その他の組織、あるいは個人を指す。
(1) 資金、経営、売買等の面において、直接又は間接的な支配関係が存在する場合
(2) 直接又は間接的に同一の第三者による支配を受けている場合
(3) 利益上の関連を有するその他の関係

第110条　企業所得税法第41条にいう独立企業間原則とは、関連関係にない取引参加者それぞれが、公正な取引価格及び商習慣に基づき取引を行う場合に遵守する原則のことを指す。

第111条　企業所得税法第41条にいう合理的な方法は以下の方法を含む。
(1) 独立価格比準法：関連関係にない取引参加者それぞれが同じ又は類似した取引を行うときの価格に基づき価格を決定する方法
(2) 再販売価格基準法：関連者から仕入れた商品を関連関係にない取引相手へ再販売するときの価格から、同じ又は類似した取引から得られる売上総利益を差し引くことにより価格を決定する方法
(3) 原価基準法：原価に合理的な費用と利益を加えることにより価格を決定する方法
(4) 取引単位営業利益法：関連関係にない取引参加者それぞれが同じ又は類似の取引を行う際に得る純利益の水準に基づき利益を確定する方法
(5) 利益分割法：企業と関連者の合算利益又は損失を、合理的な基準を用いて各者に配賦する方法
(6) その他独立企業間原則に合致する方法

第112条　企業は、企業所得税法第41条第2項の規定により、独立企業間原則に基づいて、関連者と共通発生原価を分担し、費用分担契約を締結することができる。
　企業と関連者が費用分担するとき、原価と予想収益対応の原則に基づいて分担し、税務機関が規定する期限内に、税務機関の要求に従って関連資料を提出しなければならない。

企業と関連者が費用分担するとき、本条第1項、第2項の規定に違反した場合、自らが分担する原価を課税所得額の計算時に控除してはならない。

第113条　企業所得税法第42条にいう事前確認とは、企業が将来年度の関連者取引の価格決定原則及び計算方法について税務機関に申請を提出し、税務機関と独立企業間原則に従って協議・確認した後に成立する合意のことを指す。

第114条　企業所得税法第43条にいう関連資料は以下を含む。
(1) 関連者取引に関連する価格、費用の決定基準、計算方法及び説明等を含む同時文書
(2) 関連者取引の対象となる資産、資産使用権、役務等の再販売、(譲渡) 価格、または最終販売 (譲渡) 価格に関する資料
(3) 関連者取引の調査に関係のあるその他の企業が提出しなければならない、調査対象企業と比較可能な製品価格、価格決定方法及び利益水準等の資料
(4) 関連者取引に関するその他の資料

　企業所得税法第43条にいう「関連者取引の調査に関係のあるその他の企業」とは、経営内容や方式が調査対象企業と類似する企業を指す。

　企業は、税務機関が規定する期限までに、関連者取引に関わる価格、費用の決定基準、計算方法及び説明等を含む同時文書を提出しなければならない。関連者及び関連者取引の調査に関係のあるその他の企業は、税務機関と約定した期限までに関連資料を提出しなければならない。

第115条　税務機関が企業所得税法第44条の規定に基づき企業の課税所得額を査定するときには、以下の方法を採用することができる。
(1) 同種又は類似する企業の利益水準を参照して査定する方法
(2) 企業の原価に合理的な費用及び利益を加える方法に基づき査定する方法
(3) 関連企業グループの全体利益の合理的な割合に基づき査定する方法
(4) その他合理的な方法に基づく査定

　税務機関が前項に規定する方法に基づき査定した課税所得額に対して企業に異議がある場合、企業は関連の証拠を提出しなければならず、それを税務機関が認定した後、査定課税所得額を調整する。

第116条　企業所得税法第45条にいう中国居住者とは、『中華人民共和国個人所得

税法』の規定に基づき、中国国内及び海外で取得した所得に対して中国で個人所得税を納付する個人を指す。

第117条　企業所得税法第45条にいう支配は以下を含む。
(1) 居住者企業あるいは中国居住者が、直接又は間接的に外国企業の議決権のある株式を単独で10％以上保有し、かつ当該外国企業の持分を共同で50％以上保有する場合
(2) 居住者企業あるいは居住者企業と中国居住者の持分割合は、第(1)号に規定する基準に満たないが、株式、資金、経営、売買等の面において当該外国企業に対する実質支配を行う場合

第118条　企業所得税法第45条にいう「実質の税負担が本法第4条第1項に規定する税率基準を明らかに下回る」とは、企業所得税法第4条第1項に規定する税率の50％を下回ることを指す。

第119条　企業所得税法第46条にいう債権性投資とは、企業が直接又は間接的に関連者から得る、元本の償還と利息の支払い又はその他利息的性格を有する方式による補償を必要とする融資を指す。
　企業が間接的に関連者から得る債権性投資は以下を含む。
(1) 関連者が非関連の第三者を通じて提供する債権性投資
(2) 非関連の第三者が提供する、関連者が保証し、かつ連帯責任を負う債権性投資
(3) その他、間接的に関連者から得る負債の実質を有する債権性投資
　企業所得税法第46条にいう権益性投資とは、企業が受け入れた元本償還及び利息を支払う必要のない、投資者が企業の純資産に対して所有権を有する投資を指す。
　企業所得税法第46条にいう基準は、国務院の財政、税務所轄部門が別途規定する。

第120条　企業所得税法第47条にいう「合理的な商業目的を持たない」とは、税額の減少、免除、あるいは納付の遅延を主な目的にすることを指す。

第121条　税務機関は、企業に対して納税調整を行う場合、税収法律、行政法規の

規定に基づき、追徴する税額に対して、税額の帰属する納税年度の翌年6月1日から納税日までの期間、日ごとに利息を加算しなければならない。

前項に規定する利息は、課税所得額の計算時に控除してはならない。

第122条　企業所得税法第48条にいう利息は、税額の帰属する納税年度に中国人民銀行が公布する税額追徴期間と同期間の人民元貸付基準利率に5％を加えて計算する。

企業が企業所得税法第43条及び本条例の規定に従って関連資料を提出できる場合、前項に規定する人民元貸付基準利率のみに基づいて利息を計算することができる。

第123条　企業とその関連者の取引が独立企業間原則に従っておらず、あるいは企業がその他の合理的な商業目的を持たない取引を実施した場合、税務機関は当該取引が発生した納税年度から10年間納税調整を行う権限を有する。

3．特別納税調整実施弁法（試行）

第1章　総則

第1条　特別納税調整管理を規範化するため、『中華人民共和国企業所得税法』(以下、「所得税法」という。)、『中華人民共和国企業所得税法実施条例』(以下、「所得税法実施条例」という。)、『中華人民共和国税収徴収管理法』(以下、「徴収管理法」という。)、『中華人民共和国税収徴収管理法実施細則』(以下、「徴収管理法実施細則」という。)、及びわが国政府が関連の国家（地域）と締結している二重課税防止協定（条約）(以下、「租税条約」という。) の関連規定に従い、本弁法を制定する。

第2条　本弁法は、移転価格、事前確認、費用分担契約、被支配外国企業、過少資本及び一般租税回避防止規定等、税務機関の企業に対する特別納税調整事項の管理に適用する。

第3条　移転価格管理とは、税務機関が、所得税法第6章と徴収管理法第36条の関連規定に基づき、企業とその関連者の取引（以下、「関連者取引」という。）が独立企業間原則に合致しているかどうかを審査・評価し、また調査・調整等を行う業務の総称である。

第4条　事前確認管理とは、税務機関が、所得税法第42条と徴収管理法実施細則第53条の規定に基づき、企業の提出した将来年度の関連者取引価格決定原則及び計算方法を審査・評価し、かつ、企業と協議した上で、それを事前に確認する業務の総称である。

第5条　費用分担契約管理とは、税務機関が、所得税法第41条第2項の規定に基づき、企業とその関連者の間で締結された費用分担契約が独立企業間原則に合致しているかどうかを審査・評価し、また調査・調整等を行う業務の総称である。

第6条　被支配外国企業管理とは、税務機関が、所得税法第45条の規定に基づき、被支配外国企業が利益分配を行わない、あるいは利益分配を減額することを審査、

評価、調査し、中国居住者企業に帰属する所得に対して調整等を行う業務の総称である。

第7条　過少資本管理とは、税務機関が、所得税法第46条の規定に基づき、企業がその関連者から受け入れた債権性投資と権益性投資との比率が規定比率あるいは独立企業間原則に合致しているかどうかを審査・評価し、また調査・調整等を行う業務の総称である。

第8条　一般租税回避防止管理とは、税務機関が、所得税法第47条の規定に基づき、企業が合理的な商業目的のないその他の処理を実施することによって課税収入あるいは所得額を減少させているかどうかを審査・評価し、また調査・調整等を行う業務の総称である。

第2章　関連申告

第9条　所得税法実施条例第109条及び徴収管理法実施細則第51条にいう関連関係とは、主に企業と他の企業、組織又は個人との間の次のいずれかの関係を指す。

(1) 一方が直接又は間接的に他方の持分の合計を25％以上所有する場合、あるいは双方が直接又は間接的に所有している同一の第三者の持分が25％以上の場合。一方が仲介者を通して他方の持分を間接的に所有し、その仲介者の持分を25％以上所有していれば、一方の他方への持分比率は仲介者の他方への持分比率に基づいて計算する

(2) 一方と他方（独立金融機関を除く。）の間の貸付金が一方の払込資本金の50％以上を占める場合、又は一方の借入金総額の10％以上が他方（独立金融機関を除く。）により保証されている場合

(3) 一方の半数以上の高級管理者（董事会構成員と経理を含む。）、又は董事会を支配できる董事会高級構成員が少なくとも1名、他方より任命されている場合、あるいは双方の半数以上の高級管理者（董事会構成員と経理を含む。）、又は董事会を支配できる董事会高級構成員が少なくとも1名、同一の第三者より任命されている場合

(4) 一方の半数以上の高級管理者（董事会構成員と経理を含む。）が他方の高級管理者（董事会構成員と経理を含む。）を兼任している場合、あるいは一方の董事会を支配できる董事会高級構成員の少なくとも1名が他方の董事会高級構

成員を兼任している場合
(5) 一方の生産経営活動が、他方から提供される工業所有権、技術ノウハウ等の特許権に依存しなければならない場合
(6) 一方の購買又は販売活動が他方により支配されている場合
(7) 一方の役務の受入又は提供が他方により支配されている場合
(8) 一方が他方の生産経営、取引を実質的に支配し、あるいは双方がその他の利益上の関係にある場合。本条第(1)項の持分比率に達していないが、一方と他方の主要株主が基本的に同じ経済的利益を享受できる場合、あるいは家族、親族関係等を含む

第10条　関連者取引は主に次の類型を含む。
(1) 有形資産の売買、譲渡及び使用。建物建築物、輸送機器、機器設備、工具、商品、製品等の有形資産の売買、譲渡及びリースを含む
(2) 無形資産の譲渡及び使用。土地使用権、版権（著作権）、特許、商標権、顧客名簿、販売網、ブランド、商業機密や技術ノウハウなどの特許権及び工業品の外観設計又は実用新案権等の工業所有権の譲渡や使用権の提供を含む
(3) 融資。各種の長短期の資金借入や担保提供及び各種の利息付前払や延払等を含む
(4) 役務提供。市場調査、販売、管理、行政事務、技術サービス、修理、設計、コンサルティング、代理、科学研究、法律、会計事務等のサービスの提供を含む

第11条　税務調査及び租税徴収を実行する居住者企業と、中国国内に機構・場所を設立し、実績に基づいて企業所得税を申告納付する非居住者企業が、税務機関に年度企業所得税納税申告表を提出する際、『関連関係表』、『関連取引総括表』、『仕入・販売表』、『役務表』、『無形資産表』、『固定資産表』、『融資資金表』、『対外投資情況表』及び『対外支払情況表』からなる『中華人民共和国企業年度関連業務往来報告表』を添付しなければならない。

第12条　企業が規定された期限までに本弁法第11条に規定する報告表を提出することに確実な困難があり、期限を延長する必要がある場合、徴収管理法及び同法実施細則の関連規定に従い処理する。

第 3 章　同時文書管理

第13条　企業は所得税法実施条例第114条の規定により、納税年度毎に関連者取引の同時文書を準備、保管し、また税務機関の要求に応じ提出しなければならない。

第14条　同時文書には主に以下の内容を含む。
（1）組織構造
　①　企業が所属している企業集団の組織構造及び出資関係
　②　企業の関連関係の年度毎の変化の情況
　③　企業と取引のある関連者の情報。関連者の名称、法定代表者、董事や経理等高級管理者の構成、登録住所及び実際の経営住所、及び個人関連者の名称、国籍、居住地、家族構成等の情況を含む。また、企業の関連者取引価格設定に直接的に影響を与える関連者を注記しなければならない。
　④　各関連者に適用される所得税的性格を持つ税金の種類、税率及び享受する税制上の優遇措置
（2）生産経営情況
　①　企業の事業概況。企業の発展変化の概況、所属業界及びその発展の概況、経営戦略、産業政策、業界規制等企業と業界に影響を与える主な経済、法律問題及び企業集団のサプライチェーン及びその中に企業が占める位置を含む
　②　企業の主要業務の構成、主要業務収入及びそれが総収入に占める割合、主要業務利益及びそれが総利益に占める割合
　③　企業の業界における位置付け及び関連する市場競争環境に対する分析
　④　企業の内部組織機構、企業及び関連者が関連者取引において果たす機能、負担するリスク、及び使用する資産等の関連情報。それらを参照して『企業機能リスク分析表』に記入する。
　⑤　企業集団連結財務報告書、企業集団の会計年度の情況に応じて準備を延期することができるが、遅くても関連者取引発生年度翌年の12月31日を越えてはならない。
（3）関連者取引の情況
　①　関連者取引の類型、参加者、時期、金額、決済通貨、取引条件等
　②　関連者取引の貿易方式、年度の変動情況及びその理由

③ 関連者取引の業務プロセス。各段階における情報の流れ、物流及び資金の流れ、非関連者取引の業務プロセスとの異同を含む
④ 関連者取引に関連する無形資産及びそれが価格決定に与える影響
⑤ 関連者取引に関連する契約あるいは協定の副本及びその履行情況についての説明
⑥ 関連者取引の価格決定に影響を与える主な経済及び法律要因に対する分析
⑦ 関連者取引及び非関連者取引の収入、原価、費用及び利益の配分情況。直接的に配分できない場合、合理的な比率に基づいて配分し、当該配分比率を確定した理由を説明し、かつ、それらを参照して『企業年度関連取引財務状況分析表』に記入する

(4) 比較可能性の分析
① 比較可能性に考慮するべき要素は、取引される資産あるいは役務の特性、取引参加者の果たす機能と負担するリスク、契約条項、経済環境、経営戦略等を含む
② 比較企業の果たす機能、負担するリスク及び使用する資産等の関連情報
③ 比較取引の説明。例えば、有形資産の物理的特性、品質及び効用。融資業務の正常な利益水準、金額、通貨、期限、担保、融資者の信用力、返済方式、利息計算方法等。役務の性質及び程度。無形資産の類型及び取引の形式、取引によって得る無形資産の使用権、無形資産の使用による収益
④ 比較情報の出所、選定の条件及び理由
⑤ 比較データの差異調整及び理由

(5) 移転価格算定方法の選定と使用
① 移転価格算定方法の選定及び理由。企業が利益に基づく方法を選定した場合、企業集団全体の利益、あるいは余剰利益の水準に対する貢献を説明しなければならない
② 比較情報が選定された移転価格方法をどのように支持するか
③ 比較可能性のある非関連者取引価格、あるいは利益を確定する過程で設定した仮説及び判断
④ 合理的な移転価格算定方法及び比較可能性分析の結果を適用して比較可能性のある非関連者取引価格、あるいは利益を確定したこと及び独立企業間取引原則に従っていることの説明
⑤ その他移転価格算定方法の選定を支持する資料

第15条　以下のいずれかに該当する企業は、同時文書の準備が免除される。
(1) 年間の関連者仕入及び販売額（来料加工業務は年度輸出入通関価格に基づいて計算する。）が2億元以下であり、かつ、その他の関連者取引金額（関連者間融資は受取及び支払利息額に基づいて計算する。）が4千万元以下の場合。なお、上記の金額には、企業が当年度中に実施した費用分担契約あるいは事前確認に関わる関連者取引の金額を含まない
(2) 関連者取引が事前確認対象である
(3) 外資持分が50％未満、かつ、中国国内関連者とのみ関連者取引を行っている

第16条　本弁法第7章で別途規定しているものを除き、企業は関連者取引が発生した年度の翌年の5月31日までに当年度の同時文書の準備を完了し、かつ、税務機関から要求された日より20日以内に提供しなければならない。
　企業が不可抗力の理由により期限までに同時文書を提出できない場合、不可抗力の理由が解消された日より20日以内に同時文書を提供しなければならない。

第17条　企業が税務機関の要求に従い提供する同時文書には、社印を押印した上、法定代表者又は法定代表者が授権する代表者が署名又は押印しなければならない。同時文書に引用される情報は、その出所を明記しなければならない。

第18条　企業が合併、分割等の理由で税務登記を変更又は抹消する場合、合併、分割後の企業が同時文書を保管しなければならない。

第19条　同時文書には中国語を使用しなければならない。原始資料が外国語の場合、中国語の副本を添付しなければならない。

第20条　同時文書は、企業の関連者取引が発生した年度の翌年の6月1日から10年間保存しなければならない。

第4章　移転価格算定方法

第21条　企業が関連者取引を行い、また税務機関が関連者取引を審査・評価する場合、全て独立企業間原則に従い、合理的な移転価格算定方法を選択しなければならない。

所得税法実施条例第111条の規定により、移転価格算定方法は独立価格比準法、再販売価格基準法、原価基準法、取引単位営業利益法、利益分割法及び独立企業間原則に合致するその他の方法を含む。

第22条　合理的な移転価格算定方法を選定するには、比較可能性分析を行わなければならない。比較可能性分析の要素は主に以下の5つの側面を含む。
(1) 取引資産又は役務の特性。主に有形資産の物理的な特性、品質、数量等、役務の性質、範囲、無形資産の種類、取引形式、期間、範囲及び予測収益等を含む
(2) 各取引参加者の機能及びリスク。機能は主に、研究開発、設計、仕入、加工、組立、製造、在庫管理、販売、アフターサービス、広告、運輸、保管、融資、財務、会計、法律及び人事管理等を含む。機能を比較するときに、企業が当該機能を果たすために使用する資産が類似する程度に留意しなければならない。リスクは主に、研究開発リスク、仕入リスク、生産リスク、販売リスク、市場リスク、管理及び財務リスク等を含む
(3) 契約条項。主に、取引の対象、取引数量、取引価格、代金回収・支払方法及び条件、商品引渡条件、アフターサービスの範囲及び条件、付帯的な役務提供、契約変更、契約修正の権利、契約有効期限、契約の終了又は更新する権利等を含む
(4) 経済環境。主に、業界概況、地域、市場規模、市場段階、市場占有率、市場の競争程度、消費者の購買力、商品又は役務の代替可能性、生産要素の価格、運輸コスト、政府規制等を含む
(5) 経営戦略。主にイノベーションと開発戦略、多角化経営戦略、リスク回避戦略、市場占有戦略等を含む

第23条　独立価格比準法は、非関連者間で行われる、関連者取引と同等又は類似の業務活動に対して受け取る価格を公正な取引価格とする。
　比較可能性分析は、とりわけ関連者取引と非関連者取引において取引される資産又は役務の特性、契約条項及び経済環境の差異を考察しなければならない。取引の種類によって具体的に以下の内容を含む。
(1) 有形資産の売買又は譲渡
　① 売買又は譲渡の過程。取引時点と場所、引渡条件、引渡手続、支払条件、取引数量、アフターサービスの時点と場所等を含む

② 売買又は譲渡の段階。出荷段階、卸売段階、小売段階、輸出段階等を含む
③ 売買又は譲渡する商品。品名、ブランド、規格、型番号、性能、構造、外観、包装等を含む
④ 売買又は譲渡の環境。民族風習、消費者の好み、政局の安定性及び財政、税制、外貨政策等を含む

(2) 有形資産の使用
① 資産の性能、規格、型番号、構造、種類、減価償却方法
② 使用権を提供する時点、期限及び場所
③ 資産所有者が資産へ投下した支出、修理費用等

(3) 無形資産の譲渡と使用
① 無形資産の種別、用途、適用業務、予測収益
② 無形資産の開発投資、譲渡条件、独占の程度、関連国の法律に保護される程度及び期限、譲受原価及び費用、機能・リスクの情況、代替可能性等

(4) 資金の融通。融資の金額、通貨、期限、担保、融資者の信用力、返済方式、利息計算方法等

(5) 役務の提供。業務の性質、技術的要求、専門性の水準、負担する責任、支払条件及び方法、直接及び間接コスト等

関連者取引と非関連者取引の間に、上述の面において重大な差異がある場合、当該差異が価格に与える影響を合理的に調整しなければならない。合理的な調整ができない場合に、本章の規定に従い他の合理的な移転価格算定方法を選定しなければならない。

独立価格比準法は全ての類型の関連者取引に適用できる。

第24条 再販売価格基準法は、関連者から購入した商品を非関連者に再販売するときの価格から、比較可能な非関連者取引における売上総利益を引いた後の金額を関連者の商品購入の公正取引価格とする。その計算公式は以下の通りである。

公正取引価格＝非関連者への再販売価格
$\times$（1－比較可能な非関連者取引の売上総利益率）

比較可能な非関連者取引の売上総利益率

$$= \frac{\text{比較可能な非関連者取引の売上総利益}}{\text{比較可能な非関連者取引の純売上高}} \times 100\%$$

比較可能分析は、特に関連者取引と非関連者取引の機能とリスク及び契約条項上の差異及び売上総利益率に影響を与えるその他の要因を考察しなければならな

い。具体的には、販売、広告及びサービス機能、在庫リスク、機械、設備の価値及び使用年数、無形資産の使用及び価値、卸売あるいは小売段階、ビジネス経験、会計処理及び管理効率等を含む。

　関連者取引と非関連者取引の間に、上述の面において重大な差異が存在する場合、当該差異が売上総利益に与える影響に対して合理的な調整をしなければならない。合理的な調整ができない場合、本章の規定に従い他の合理的な移転価格算定方法を選定しなければならない。

　再販売価格基準法は、通常、再販売者が商品に対して外観、性能、構造の変更又は商標の変更等の実質的な付加価値を増加しない、簡単な加工又は単純な売買業務にのみ適用する。

第25条　原価基準法は、関連者取引より発生した合理的な原価に比較可能な非関連者取引における売上総利益を加算した金額を関連者取引の公正取引価格とする。その計算公式は以下の通りである。

$$\text{公正取引価格} = \text{関連者取引の合理的な原価} \times (1 + \text{比較可能な非関連者取引のコストマークアップ率})$$

$$\text{比較可能な非関連者取引のコストマークアップ率} = \frac{\text{比較可能な非関連者取引の売上総利益}}{\text{比較可能な非関連者取引の原価}} \times 100\%$$

　比較可能性分析は、特に関連者取引と非関連者取引が機能とリスク及び契約条項上の差異及びコストマークアップ率に影響を与えるその他の要因を考察しなければならない。具体的には、製造、加工、据付及びテスト機能、市場及び為替リスク、機械、設備の価値及び使用年数、無形資産の使用及び価値、ビジネス経験、会計処理及び管理効率等を含む。

　関連者取引と非関連者取引の間に、上述の面において重大な差異が存在する場合、当該差異がコストマークアップ率に与える影響に対して合理的な調整をしなければならない。合理的な調整ができない場合、本章の規定に従い他の合理的な移転価格算定方法を選定しなければならない。

　原価基準法は通常、有形資産の売買、譲渡と使用、役務提供あるいは融資の関連者取引に適用される。

第26条　取引単位営業利益法は、比較可能な非関連者取引の利益率指標により関連者取引の純利益を確定する。利益率指標は、資産収益率、営業利益率、トータ

ルコストマークアップ率、ベリー率等を含む。

比較可能性分析は、特に関連者取引と非関連者取引の間の機能とリスク及び経済環境の差異及び営業利益に影響を与えるその他の要因を考察しなければならない。具体的には、執行機能、負担するリスク、使用資産、業界及び市場情況、経営規模、経済周期及び製品ライフ・サイクル、原価、費用、所得及び資産の各取引間の配賦、会計処理及び経営管理効率等を含む。

関連者取引と非関連者取引の間に、上述の面において重大な差異が存在する場合、当該差異が営業利益に与える影響に対して合理的な調整をしなければならない。合理的な調整ができない場合、本章の規定に従い他の合理的な移転価格算定方法を選定しなければならない。

取引単位営業利益法は通常、有形資産の売買、譲渡と使用、無形資産の譲渡と使用、役務提供等の関連者取引に適用される。

第27条　利益分割法は、企業とその関連者の関連者取引連結利益に対する貢献度に基づき、各関連者に配賦されるべき利益額を計算する。利益分割法は一般利益分割法と残余利益分割法に分類される。

一般利益分割法は、関連者取引の各参加者が担う機能、負担するリスク及び使用する資産に基づき、各者が取得すべき利益を確定する。

残余利益分割法は、関連者取引から各参加者が得る連結利益から、各者に配賦する通常利益を控除した残額を残余利益とし、各者の残余利益への貢献度に基づきそれを分配する。

比較可能性分析において、取引の各参加者が担う機能、負担するリスク及び使用する資産、原価、費用、所得及び資産の各参加者の間の配分、会計処理、各取引者の残余利益に対する貢献度を確定する際に採用する情報及び仮定条件の信頼性等を特に考察しなければならない。

利益分割法は、通常、各参加者の関連者取引が高度に統合されており、かつ、各者の取引結果に対する個別の評価が難しい場合に適用される。

第5章　移転価格調査及び調整

第28条　税務機関は、徴収管理法及び同実施細則の税務調査関連規定に基づき、調査対象企業を選定し、移転価格調査及び調整を行う権限を有する。調査対象企業は事実通りにその関連者取引の状況を報告し、かつ関連資料を提供しなければ

ならず、拒否又は隠蔽してはならない。

第29条　移転価格調査対象は、以下の企業に重点をおいて選定する。
(1) 関連者取引の金額が比較的大きい又は関連者取引の類型が多い企業
(2) 長期的に欠損状態にある企業、あるいは利益が僅少な企業又は利益の変動が激しい企業
(3) 同業界の利益水準より低い企業
(4) 利益水準が担う機能とリスクに明らかに整合しない企業
(5) タックス・ヘイブンにある関連者と取引を行っている企業
(6) 規定に従って関連者取引の申告を行わない、又は同時文書を準備していない企業
(7) その他明らかに独立企業間原則に反している企業

第30条　実際の税負担が同等である中国国内関連者間の取引は、直接あるいは間接的に国家全体の税収の減少を招かない限り、原則として移転価格調査及び調整を行わない。

第31条　税務機関は、日常の徴収管理業務と合わせて、書類審査を行い、調査対象企業を選定しなければならない。書類審査は、主に調査対象企業が過年度に提出した年度所得税申告資料及び関連者取引報告表等の納税資料に基づき、企業の生産経営状況、関連者取引等の状況に対して総合的に評価、分析しなければならない。
　企業は書類審査の段階で税務機関に同時文書を提出できる。

第32条　税務機関は、選定された調査対象企業に対して、所得税法第6章、所得税法実施条例第6章、徴収管理法第4章及び徴収管理法実施細則第6章の規定に基づき、現場調査を実施しなければならない。
(1) 現場調査の人員は2名以上でなければならない
(2) 現場調査を行う際、調査員は『税務検査証』を提示し、『税務検査通知書』を送付しなければならない
(3) 現場調査は、必要に応じて、法的手続に従い、ヒアリング、帳簿資料の取り寄せ及び実地検査等の方式を採用することができる
(4) 当事者にヒアリングする際、『ヒアリング（調査）記録』を専門で記入する人

員を配置し、かつありのままに情況を提供しない場合の法律上の責任を当事者に通知しなければならない。『ヒアリング（調査）記録』には当事者の確認チェックが必要である

(5) 帳簿及び関連資料の取り寄せが必要な場合、徴収管理法実施細則第86条の規定に基づいて『帳簿資料取り寄せ通知書』及び『取り寄せ帳簿資料リスト』に記入し、また、関連の法定手続に従って、帳簿、記帳伝票等の資料を取り寄せ、適切に保管し、かつ法定期限に従って返却しなければならない

(6) 実地検査の過程で発見した問題と情況は、調査員が『ヒアリング（調査）記録』に記入する。『ヒアリング（調査）記録』は2名以上の調査員が署名し、かつ必要に応じて調査対象企業が確認しなければならない。調査対象企業がそれを拒否する場合、2名以上の調査員が確認し署名した上で保管することができる

(7) 記録、録音、録画、撮影あるいは複製の方法により、案件に関わる資料を請求することができる。但し、原本の保管者及び出所を明記しなければならず、また原本の保管者又は提供者が確認し、「原本と照合し間違いない」ことを記載し、押印しなければならない

(8) 証人の証言が必要である場合、事前に証人にありのままの情況を提供しない場合の法律上の責任を説明しなければならない。証人の証言資料は本人が署名あるいは押印しなければならない

第33条　所得税法第43条第2項及び所得税法実施条例第114条の規定に基づき、税務機関が移転価格調査を行う際、企業とその関連者、及び関連者取引の調査に関係するその他の企業（以下、「比較企業」という。）に関連資料の提供を要求する権限があり、同時に『税務事項通知書』を交付しなければならない。

(1) 企業は、『税務事項通知書』に規定した期限内に関連資料を提出しなければならない。特殊な事情により期限通りに提出できない場合、税務機関に書面による延期申請を提出し、その承認を受けた後に延期することができる。但し、最長30日を越えてはならない。税務機関は、企業の延期申請を受領した日から15日以内に書面により回答をしなければならない。回答期限を越えても回答をしない場合は、税務機関は企業の延期申請を承認したものとみなされる

(2) 企業の関連者及び比較企業は、税務機関と約定した期限内に関連資料を提出しなければならず、約定期間は、一般的に60日を越えてはならない

　企業、関連者及び比較企業は、税務機関の要求に基づき、真実かつ完全な関連

資料を提出しなければならない。

第34条　税務機関は、本弁法第2章の関連規定に基づいて企業が申告した情報を確認した上で、企業に『企業比較可能性要因分析表』への記入を求めなければならない。

　税務機関は、企業の関連申告と提供された資料の基礎の上に、『企業関連関係認定表』、『企業関連者取引認定表』及び『企業比較可能性要因分析表』に記入し、調査対象企業はそれを確認しなければならない。

第35条　移転価格調査が関連者と比較企業に対する調査や証拠収集に及ぶ場合、主管税務機関は『税務検査通知書』を送付し、調査や証拠収集を行う。

第36条　税務機関は、企業、関連者及び比較企業が提出した関連資料を審査し、現場調査、通達郵送による調査及び公開情報の査閲等の方法を採用して確認することができる。国外の関連資料を取得する必要がある場合、規定に従い、租税条約の情報交換手続条項を利用、又は中国の海外駐在機構を通じて関連情報を調査収集することができる。海外関連者の関連資料について、税務機関は企業に公証機関の証明を提供するよう要求できる。

第37条　税務機関は、本弁法第4章に規定した移転価格算定方法を使って、企業の関連者取引が独立企業間原則に合致しているかどうか分析、評価しなければならない。分析、評価においては、公開情報・資料の利用も非公開情報・資料の利用もできる。

第38条　税務機関が関連者取引を分析、評価する際、企業と比較企業が用いる運転資本の差異によって生じる営業利益の差異に対しては、原則として調整を行わない。調整が必要な場合は、順次国家税務総局に報告し、その承認を受けなければならない。

第39条　関連者の注文に基づき加工製造を行い、経営政策の決定、製品の研究開発、販売等の機能を担わない企業は、政策決定の誤り、稼働不足、製品の滞留等を原因とするリスクと損失を負担せず、通常は一定の利益率を維持すべきである。欠損が発生している企業に対しては、経済分析に基づいた適切な比較価格、ある

いは比較企業を税務機関が選定し、企業の利益水準を確定しなければならない。

第40条　企業と関連者の間で代金の受取りと支払いを相殺している場合、税務機関は、比較可能性分析と所得調整を行う際、原則として相殺した取引を還元しなければならない。

第41条　税務機関が四分位法を採用して企業の利益水準を分析、評価する際、企業の利益水準が比較企業の利益率範囲の中央値を下回る場合、原則として中央値以上の水準に基づいて調整する。

第42条　調査の結果、企業の関連者取引が独立企業間原則に合致する場合、税務機関は移転価格調査の結論を出し、併せて企業に『特別納税調査結論通知書』を送達しなければならない。

第43条　調査の結果、企業の関連者取引が独立企業間原則に合致しておらず、税収又は課税所得額が減少した場合、税務機関は以下の手続に従って移転価格納税調整を行わなければならない。
(1) 計算、論証と比較可能性分析に基づき、特別納税調整の初歩調整案を定める
(2) 初歩調整案に基づき企業と協議する。税務機関と企業側双方は交渉責任者を指定しなければならない。調査員が『協議内容記録』を作成し、双方の交渉責任者が署名し確認しなければならない。企業が署名を拒否する場合、2名以上の調査員が署名し、確認して保管することができる
(3) 企業が初歩調整案に対して異議がある場合、税務機関が規定する期限内にさらに関連資料を提出しなければならない。税務機関は、関連資料を受領した後、しっかりと審査し、適時審議決定しなければならない
(4) 審議決定に基づき、企業に『特別納税調査初歩調整通知書』を送達しなければならない。企業が初歩調整意見に異議がある場合、通知書を受領した日から7日以内に書面でそれを提出しなければならない。税務機関は、企業の意見を受け取った後、再度協議し審議しなければならない。企業が期限を過ぎても異議を提出しない場合、初歩調整意見に同意したものとみなされる
(5) 最終的な調整案を決め、企業に『特別納税調査調整通知書』を送達する

第44条　企業は、『特別納税調査調整通知書』を受領した後、規定の期限までに税

額及び利息を納付しなければならない。

第45条　税務機関は企業に対して移転価格調整を行った後、調整を受けた最終年度の翌年から5年間にわたり追跡管理を実施しなければならない。追跡管理期間中、企業は追跡年度の翌年の6月20日までに税務機関に追跡年度に関わる同時文書を提出しなければならない。税務機関は同時文書と納税申告書類に基づき、以下の内容を重点的に分析、評価する。
(1)　企業の投資、経営状況及びその変化
(2)　企業の納税申告額の変化
(3)　企業の経営成績の変化
(4)　関連者取引の変化等
　税務機関は、追跡管理期間中に企業の移転価格に異常等を発見した場合、適時企業に連絡し、企業に自主的調整を要求するか、あるいは本章の関連規定に基づき移転価格の調査・調整を行わなければならない。

第6章　事前確認管理

第46条　企業は、所得税法第42条、所得税法実施条例第113条及び徴収管理法実施細則第53条の規定に基づき、税務機関と、将来年度における関連者取引の価格決定原則及び計算方法について事前確認を行うことができる。事前確認の協議、締結及び実施は通常、予備会談、正式申請、審査及び評価、協議、締結、そして実施の監督という6つの段階を経て行われる。事前確認には一国、二国間及び多国間の3類型がある。

第47条　事前確認は、区を設けている市及び自治州以上の税務機関が受理しなければならない。

第48条　事前確認は一般的に次の条件の全てを満たした企業に適用される。
(1)　年間関連者取引金額が4千万元以上の企業
(2)　法律に従って関連申告義務を履行している企業
(3)　規定に従って同時文書を準備、保存、提供する企業

第49条　事前確認は、企業が正式に書面申請を提出した年度の翌年度以降3年か

ら5年の連続する年度における関連者取引に適用される。

　事前確認の交渉、締結は、企業が事前確認の正式な書面申請を提出した年度あるいはそれ以前の年度の関連者取引に対する税務機関の移転価格調査、調整に影響を与えない。

　申請提出年度あるいはそれ以前の関連者取引が、事前確認の適用年度のそれと同じ、あるいは類似する場合、企業が申請し、税務機関の承認を得た上で、事前確認で確定した価格設定原則及び計算方法を、申請提出年度あるいはそれ以前の年度の関連者取引の評価及び調整に適用することができる。

第50条　企業は、正式に事前確認を申請する前に、その意向を税務機関に対して書面で提出しなければならない。税務機関は、企業の書面による要求に基づき、企業と事前確認の内容及び事前確認の実行可能性について予備会談を行い、『事前確認会談記録』に記入する。予備会談は匿名方式を採用することができる。
(1) 企業が一国事前確認を申請する場合、税務機関に書面でその意向を提出しなければならない。予備会談中、企業は以下の内容の資料を提供し、税務機関と検討しなければならない
　① 事前確認の適用年度
　② 事前確認対象の関連者及び関連者取引
　③ 企業の過年度の生産経営情況
　④ 事前確認対象の各関連者の機能とリスクの説明
　⑤ 事前確認で確定された方法を用いて過年度の移転価格問題を解決するか否か
　⑥ その他の説明が必要な情況
(2) 企業が二国間あるいは多国間事前確認を申請する場合、国家税務総局と主管税務機関宛て、同時に書面でその意向を提出しなければならない。国家税務総局が予備会談を手配する。会談の内容は、本条第(1)項以外に以下の内容も含まなければならない
　① 租税条約相手国の主管税務当局宛て予備会談申請の情況
　② 事前確認の対象となる関連者の過年度の生産経営情況及び関連者取引の情況
　③ 租税条約相手国の主管税務当局に提出した、事前確認で採用を予定する価格設定原則及びその計算方法
(3) 予備会談において合意した場合、税務機関は合意した日から15日以内に、事

前確認関連事項について正式な交渉ができる旨を書面で企業に通知し、『事前確認正式会談通知書』を送付しなければならない。予備会談において合意しなかった場合、税務機関は最後の予備会談終了日から15日以内に書面で企業に通知し、『事前確認申請拒否通知書』を送付して企業の事前確認申請を拒否し、かつその理由を説明しなければならない

第51条　企業は、税務機関から正式交渉に関する通知を受け取った日から3ヵ月以内に、税務機関に対して事前確認の書面申請を行い、『事前確認正式申請書』を提出しなければならない。企業が二国間あるいは多国間事前確認を申請する場合、『事前確認正式申請書』と『相互協議手続開始申請書』を同時に国家税務総局と主管税務機関に提出しなければならない。
(1) 事前確認申請は、以下の内容を含まなければならない
　① 関連する企業グループの組織・機構、会社の内部組織、関連関係、関連者取引の状況
　② 企業の直近3年間の財務諸表、製品の機能及び資産（無形資産及び有形資産を含む。）に関する資料
　③ 事前確認の対象となる関連者取引の種類及び納税年度
　④ 関連者間の機能及びリスクの分担（分担の根拠となる機構、人員、費用、資産等を含む。）
　⑤ 事前確認に適用する移転価格設定原則及び計算方法、並びに当該原則及び計算方法を裏付ける機能リスク分析、比較可能性分析及び前提条件等
　⑥ 市場状況の説明（業界の発展傾向及び競争環境を含む。）
　⑦ 事前確認対象年度の経営規模、経営業績予測及び経営計画等
　⑧ 事前確認に関わる関連者取引、経営計画、及び利益水準などに関する財務情報
　⑨ 二重課税等の問題に関わるか否か
　⑩ 国内及び国外の関連法規、租税条約等に関わる問題
(2) 以下のような特別な理由により、期限内に事前確認の書面申請を提出することができない場合、企業は、税務機関に対して、書面による延期申請を行い、『事前確認正式申請提出延期申請書』を提出することができる
　① 特別に準備しなければならない資料がある場合
　② 資料に、例えば翻訳等、技術的な処理をする必要がある場合
　③ その他の非主観的な理由（税務機関は、企業から書面による延期申請を受

け取った後15日以内に延期申請に対して書面で回答し、『事前確認正式申請提出延期申請への回答書』を交付しなければならない。期限を過ぎても回答しない場合、税務機関は企業の延期申請に同意したとみなされる。)
(3) 上述の申請内容に関わる文書、資料及び状況説明は、適用する予定の移転価格設定原則及び計算方法を支持し、また事前確認の条件に合うことを実証するすべての文書、資料を含む。企業及び税務機関はそれを適切に保管しなければならない

第52条　税務機関は、企業から事前確認に関する正式な申請書及び必要な文書、資料を受け取った日から5ヵ月以内に、審査と評価を行わなければならない。審査及び評価の結論を形成するために、審査と評価の具体的な状況に基づき、企業に関連資料の補充を要求することができる。

特別な状況により審査及び評価の期間を延長する必要がある場合、税務機関は適時企業に書面で通知し、『事前確認審査評価延期通知書』を交付しなければならない。その延長期間は3ヵ月を超えないものとする。

税務機関は、主に以下の内容を審査及び評価しなければならない。
(1) 過去の経営状況。企業の経営計画、発展動向、経営範囲等に関する文書資料を分析、評価し、特に、フィージビリティスタディ、投資予(決)算、董事会決議等を重点的に審査する。経営成績を反映する関連情報及び資料、例えば財務諸表、監査報告書等を総合的に分析する
(2) 機能及びリスクの状況。企業と関連者の間の供給、生産、輸送、販売等の各段階、及び無形資産等の研究・開発等における各自の分担や果たす機能、及び在庫、財務、為替、市場等のリスク分担を分析、評価する
(3) 比較性の情報。企業の提出した国内、国外の比準価格の情報を分析、評価し、比較企業と申請企業の実質的な差異を説明し、調整を行う。比較取引あるいは経営活動の合理性を確認できない場合、選定した移転価格設定原則及び計算方法が審査対象企業の関連者取引及び経営の現状を公正に反映していることを証明できる財務、経営等に関する資料を入手するために、企業が追加で提出すべき資料を明確にしなければならない
(4) 前提条件。業界の利益獲得能力、及びそれが企業の生産経営に与える影響の因果関係及び程度を分析、評価して、事前確認に適用する前提条件を合理的に確定する
(5) 移転価格設定原則及び計算方法。企業が事前確認において選定した移転価格

設定原則及び計算方法が、過去、現在及び将来年度の関連者取引、ならびに関連の財務、経営資料の中でどのように現実に運用されているか、また法律、法規の規定に合致しているかを分析、評価する
(6) 予測される公正な取引価格や利益の幅、確定した比準価格や利益率、あるいは比較企業の取引等をさらに審査、評価し、税務機関と企業の両方が受入れ可能な価格あるいは利益の幅を算定する

第53条　税務機関は、ユニラテラル事前確認の審査及び評価の結論を形成した日から30日以内に、事前確認について企業と交渉する。交渉が成立した場合、事前確認の草案と審査評価報告書を合わせて順次国家税務総局まで報告し、その審査を受けなければならない。

　国家税務総局が租税条約締結相手国の税務主管当局と二国間あるいは多国間事前確認の交渉を行い、交渉が成立した場合、交渉覚書に基づいて事前確認草案を作成する。

　事前確認の草案は、以下の内容を含まなければならない。
(1) 関連者の名称、住所等の基本情報
(2) 事前確認に関わる関連者取引及び適用年度
(3) 事前確認で選定する比準価格あるいは取引、移転価格設定原則及び計算方法、予測される経営結果等
(4) 移転価格設定原則及び計算の基礎に関わる専門用語の定義
(5) 前提条件
(6) 企業の年次報告、記録の保管、前提条件変動の通知等の義務
(7) 事前確認の法的効力、文書・資料等情報の機密保持
(8) 相互責任条項
(9) 事前確認の修正
(10) 争議の解決方法及び経路
(11) 発効日
(12) 附則

第54条　税務機関と企業がユニラテラル事前確認の草案の内容に合意した後、双方の法定代表者、または法定代表者が授権した代表者が正式にユニラテラル事前確認を締結する。国家税務総局と租税条約締結相手国の税務主管当局が二国間あるいは多国間事前確認の草案の内容に合意した後、当該二国間あるいは多国の税

務主管当局の授権を受けた代表が、正式に二国間あるいは多国間事前確認を締結する。主管税務機関は、二国間あるいは多国間事前確認に基づいて企業と『二国間（多国間）事前確認実施合意書』を締結する。

第55条　事前確認の正式な交渉開始から事前確認の締結までの間、税務機関と企業のいずれも交渉を一時停止あるいは中止することができる。二国間あるいは多国間事前確認の場合、事前確認を行う双方の税務主管当局の協議により、交渉を一時停止、中止することができる。交渉が中止された場合、双方は交渉中に相互に提出した全ての資料を相手に返却しなければならない。

第56条　税務機関は、監督管理制度を確立し、事前確認の実施状況を監督しなければならない。
（1）事前確認実施期間中、企業は事前確認に関連する書類と資料（帳簿や関連記録などを含む。）を完全に保管し、紛失、毀損または移転してはならず、また、納税年度終了後5ヵ月以内に、税務機関に対して事前確認の実施状況に関する年次報告をしなければならない。

　　年次報告では、報告機関における経営状況を説明し、また、事前確認に規定されるすべての事項、あるいは事前確認を修正、あるいは実質的に中止する必要があるかどうかも含めて、事前確認の遵守の状況も説明しなければならない。未解決の問題、あるいは将来発生する可能性のある問題を抱えている場合、事前確認の修正、あるいは中止について税務機関と交渉するため、企業はそれらを年次報告で説明しなければならない
（2）事前確認実施期間中、税務機関は、定期的（通常は半年ごと）に企業の事前確認の履行状況を検査しなければならない。検査内容には主に以下を含む：企業が事前確認の条項と要求を遵守しているか否か、事前確認を締結するために提出した資料と年次報告は企業の実際の経営状況を反映しているか否か、移転価格算定方法が依拠する資料及びその計算方法は正確か否か、事前確認に記述された前提条件は依然として有効か否か、企業の移転価格算定方法の運用は前提条件と合致しているか否か等。

　　税務機関は、企業の事前確認違反を発見した場合、状況に応じてそれを処理し、最終的には事前確認を中止することができる。企業が隠蔽あるいは事前確認の実施を拒否する場合、税務機関は、事前確認を最初から無効であることを認定しなければならない

(3) 事前確認実施期間中、企業の実際の経営結果が、事前確認で予測した価格あるいは利益の幅に収まらない場合、税務機関は一級上の税務機関による承認を得た後、実際の経営結果を事前確認で確定した価格あるいは利益の幅まで調整しなければならない。二国間あるいは多国間事前確認においては、順次国家税務総局まで報告し、その承認を得なければならない
(4) 事前確認の実施期間中、事前確認に影響を与える何らかの実質的な変化が生じた場合、企業は、変化が生じた後30日以内に税務機関にそれを書面で報告し、当該変化が事前確認の実施に与える影響を詳細に説明し、あわせて関連の資料を添付しなければならない。非主観的な理由で期限内に報告できない場合、その報告の期限を延期することができるが、延長期間は30日を超えてはならない。

　　税務機関は、企業の書面報告を受け取った日から60日以内に、企業の変化の状況審査、事前確認条項や条件の修正に関する企業との協議、あるいは、実質的な変化が事前確認の実施に与える影響の程度に従って、事前確認の修正や中止等の措置の採用を含む審査及び処理をしなければならない。事前確認を取り消した後、税務機関は本章が規定する手続及び要求に従って、企業と新たな事前確認を交渉することができる
(5) 国家税務局と地方税務局、及び企業が共同で締結した事前確認について、その実施期間中、企業は、国家税務局と地方税務局それぞれに対して、事前確認の実施状況に関する年次報告、及び実質的な状況の変化についての報告をしなければならない。国家税務局と地方税務局は、企業の事前確認履行状況を共同で検査及び審査しなければならない

第57条　事前確認は満期後に自動的に失効する。企業は、事前確認の更新を必要とする場合、既存の事前確認の期限満了前90日までに税務機関に更新申請を提出し、『事前確認更新申請書』を提出しなければならない。また、信頼できる証明材料を提出して、期限が到来する事前確認において述べられた事実及び関連した環境に実質的な変化はなく、また当該事前確認における各条項及び約定を変わらず遵守していくことを説明しなければならない。税務機関は、企業の更新申請を受け取った日から15日以内に受理するかどうかについて書面で回答し、企業に『事前確認更新申請回答書』を交付しなければならない。税務機関は企業の更新申請資料を審査・評価し、企業と協議した上、事前確認草案を作成し、かつ双方が定めた締結日、場所等の関連事項に従って、企業と更新作業を完成させなければなら

ない。

第58条　事前確認の交渉あるいは実施が同時に２つ以上の省、自治区、直轄市、及び計画単列市の税務機関に関わる場合、または、同時に国家税務局と地方税務局に関わる場合、国家税務局が統括、調整する。企業は交渉の意向を国家税務局に直接書面で提出できる。

第59条　税務機関が企業と締結した事前確認について、企業が事前確認のすべての条項及び要求を遵守している限り、各地の国家税務局、地方税務局はそれを実施しなければならない。

第60条　税務機関と企業は、双方とも、事前確認の予備会談、正式交渉・締結、審査、分析等の全過程において獲得あるいは入手したすべての情報、資料について守秘義務を負う。税務機関と企業は、会談ごとに会談内容を書面に記録し、同時にそれぞれの会談において相互に提供した資料の部数と内容を記載し、双方の交渉責任者が署名又は押印しなければならない。

第61条　税務機関と企業が事前確認について合意できなかった場合、税務機関は、会談や交渉過程で獲得した企業の提案、概念、判断等の非事実情報を、当該事前確認に関わる取引行為に対する税務調査に使用してはならない。

第62条　事前確認の実施期間中に税務機関と企業に相違が生じた場合、双方は協議しなければならない。協議によって解決できない場合、一級上の税務機関に報告して調整することができる。二国間あるいは多国間事前確認に関わる場合、順次国家税務総局まで報告して調整しなければならない。下級税務機関は、一級上の税務機関あるいは国家税務総局の調査結果あるいは決定を実行しなければならない。企業がそれを受け入れられない場合、事前確認の実施を中止すべきである。

第63条　税務機関は、企業と正式にユニラテラル事前確認あるいは二国間あるいは多国間事前確認実施合意書を締結した後10日以内、あるいは事前確認の実施中に変更、中止等の状況が発生した後20日以内に、ユニラテラル事前確認の正本、二国間あるいは多国間事前確認実施合意書、及び事前確認の変動状況に関する説明を国家税務総局に順次報告し、届け出なければならない。

第7章　費用分担契約管理

第64条　所得税法第41条第2項及び所得税法実施条例第112条の規定に基づき、企業とその関連者が費用分担契約を締結し、無形資産の共同開発や譲渡、あるいは役務の共同提供や受入れをする場合、本章の規定に従わなければならない。

第65条　費用分担契約の参加者は、開発及び譲渡された無形資産、又は参加した役務活動に対して受益権をもち、またそれに相応する活動原価を負担する。関連者が負担する原価は、非関連者が比較可能な条件の下でそのような受益権を得るために支払う原価と一致しなければならない。

　参加者は、費用分担契約により開発あるいは譲渡された無形資産に対して特許権使用料を支払う必要がない。

第66条　企業の費用分担契約に関わる無形資産あるいは役務の受益権は、合理的で計測可能な予想収益、かつ合理的な商業的前提及び営業慣行を基礎としたものでなければならない。

第67条　役務に関する費用分担契約は、一般的に、集団調達及び集団マーケティング計画に適用される。

第68条　費用分担契約には、主に以下の内容を含む。
(1) 参加者の名称、所在国（地域）、関連関係、契約上の権利、義務
(2) 費用分担契約に関わる無形資産あるいは役務の内容・範囲・契約が及ぶ研究開発あるいは役務活動の具体的な負担者及びその役割、任務
(3) 契約期限
(4) 参加者の予測収益の計算方法及び仮定
(5) 参加者の初期投入、その後の原価支払金額、形式、価格確認の方法、及びそれが独立企業間原則に準拠していることの説明
(6) 参加者の会計方法の運用及び変更の説明
(7) 参加者の契約加入あるいは脱退の手続及び処理に関する規定
(8) 参加者間の補償支払の条件及び処理に関する規定
(9) 契約の変更あるいは取消の条件及び処理に関する規定

(10) 非参加者が契約の成果を使用する場合の規定

第69条　企業は、費用分担契約を締結した日から30日以内に、順次、国家税務総局まで届け出なければならない。税務機関は、費用分担契約が独立企業間原則に合致しているかどうかを判定し、それを国家税務総局に順次報告し、その審査を受けなければならない。

第70条　すでに実施され一定の資産を形成している費用分担契約について、参加者に変更があり、あるいは契約実行を中止する場合、独立企業間原則に従って以下の処理を行わなければならない。
(1) 加入支払。新しい参加者が契約の既存の成果の受益権を得るための合理的な支払
(2) 脱退補償。当初からの参加者が契約から脱退し、契約の既存の成果の受益権をその他の参加者に譲渡するときに得るべき合理的な補償
(3) 参加者が変更した後、各参加者の受益及び原価負担状況に基づいて相応の調整を行わなければならない
(4) 契約を終了する際、各参加者は既存の契約の成果を合理的に配分しなければならない

　企業が独立企業間原則に従って上述の状況に対して処理をせず、課税所得額が減少した場合、税務機関は調整を行う権限を有する。

第71条　費用分担契約の実施期間中、参加者が実際に享受する便益と負担する原価が釣り合わない場合、実際の状況に応じて補償調整を行わなければならない。

第72条　独立企業間原則に従う費用分担契約についての税務処理は、以下の通りである。
(1) 企業が契約に基づき分担した原価は、契約の規定する各年度において損金算入する
(2) 補償調整は、調整年度において課税所得額に計上する
(3) 無形資産に関わる費用分担契約について、加入支払、脱退補償、あるいは契約中止時の契約の成果配分は、資産購入あるいは処分に関連する規定に従って処理する

第73条　企業は、本弁法第6章の規定に基づき事前確認の方式で費用分担契約を締結することができる。

第74条　企業は費用分担契約の実施期間中、本弁法第3章の規定を遵守する他に、次の同時文書も準備、保管しなければならない。
(1) 費用分担契約の副本
(2) 費用分担契約の各参加者の間で締結された、当該契約を実施するためのその他の契約
(3) 契約の非参加者による契約の成果の使用状況、支払金額及び形式
(4) 当年度の費用分担契約参加者の加入及び脱退の状況。加入あるいは脱退した参加者の名称、所在国（地域）、関連関係、加入支払あるいは脱退補償の金額及び形式を含む
(5) 費用分担契約の変更及び終了の状況。変更あるいは終了の原因、契約の既存の成果の処理あるいは分配を含む
(6) 費用分担契約により発生した当年度の原価総額及び構成
(7) 当年度の各参加者の費用分担の状況。費用支払額、形式、対象、支払ったあるいは受け取った補償支払の金額、形式、対象を含む
(8) 費用分担契約に関わる当年度の予測収益と実際の結果との比較及び調整
　企業は、費用分担契約の実施期間中、事前確認によって費用分担契約を締結するかどうかにかかわらず、各納税年度の翌年6月20日までに、税務機関に費用分担契約に関する同時文書を提供しなければならない。

第75条　企業がその関連者と費用分担契約を締結する際、以下の状況のいずれかが当てはまる場合、その分担した原価を損金算入してはならない。
(1) 合理的な商業目的と経済実績がない
(2) 独立企業間原則に合致しない
(3) 原価と便益対応の原則に従わない
(4) 本弁法の関連規定に従って費用分担契約の届出をしない、あるいは費用分担契約に関する同時文書の準備、保存、提供をしない
(5) 費用分担契約の締結日以降の経営期間が20年未満の企業

第8章　被支配外国企業管理

第76条　被支配外国企業とは、所得税法第45条の規定に基づき、居民企業、あるいは居民企業と居民個人（以下、「中国居民株主」という。中国居民企業株主と中国居民個人株主を含む。）が支配する、実際の税負担が所得税法第4条第1項に規定する税率水準の50％を下回る国家（地域）で設立された企業で、非合理的な経営上の目的により利益配当を行わないか、あるいは利益配当を減額する外国企業を指す。

第77条　本弁法第76条でいう支配とは、持分、資金、経営、売買などの面で実質的に支配することを指す。その内、持分による支配とは、中国居民株主が、納税年度のいずれかの日において、単層で直接、あるいは、複層で間接的に外国企業の議決権のある株式を10％以上保有し、かつ中国居民株主が共同でその外国企業の株式の50％以上の持分を所有することをいう。
　中国居民株主が複層で間接的に保有する持分は、各層の持分比率を乗じて計算する。ただし、中間層の持分が50％を超える場合、それは100％として計算する。

第78条　中国居民企業株主は、年度企業所得納税申告時、対外投資情報を提供するために、「対外投資情況表」を添付しなければならない。

第79条　税務機関は、中国居民企業株主が申告した対外投資情報を整理、審査し、被支配外国企業の中国居民企業株主に「被支配外国企業中国居民株主確認通知書」を交付し、中国居民企業株主が所得税法第45条の規定に適合する場合、関連規定に基づき税金を徴収しなければならない。

第80条　中国居民企業株主の当期所得に計上すべき被支配外国企業のみなし配当所得は、以下の公式に従って計算しなければならない。
　　中国居民企業株主の当期所得＝みなし配当額
$$\times \frac{実際の持株日数}{被支配外国企業の納税年度の日数}$$
$$\times 株主の持株比率$$
　中国居民株主が複層で間接的に株式を所有する場合、株主持株比率は各層の持

株比率に乗じて計算する。

第81条　被支配外国企業と中国居民企業株主の納税年度に差異がある場合、被支配外国企業の納税年度の終了日が属する中国居民企業株主の納税年度にみなし配当所得を計上しなければならない。

第82条　中国居民企業株主の当期所得から、既に国外で納付した企業所得税額を、所得税法あるいは租税条約の関連規定に基づき控除することができる。

第83条　被支配外国企業が実際に分配した利益に対して所得税法第45条の規定に基づき税金を納付した場合、それは中国居民企業株主の当期所得に計上しない。

第84条　中国居民企業株主が資料を提出し、かつ支配する被支配外国企業が以下の条件のいずれかを満たすことが証明できる場合、外国企業が分配せず、あるいは減額分配した利益を配当とみなして中国居民企業株主の当期所得に計上することが免除される。
(1)　国家税務総局が指定した非低税率国家（地域）に設立
(2)　主に積極的な経営活動による所得
(3)　年間利益総額が5百万元以下

第9章　過少資本管理

第85条　所得税法第46条にいう課税所得額を計算する際に控除できない利息支出は、以下の公式に従い計算しなければならない。
　　　控除できない支払利息＝年間全ての関連者に実際に支払った利息×

$$\left(1 - \frac{標準比率}{関連負債資本比率}\right)$$

　そのうち、標準比率とは、『財政部国家税務局発「企業関連者利息支出の課税所得控除基準に関する税収政策問題についての通知」』(財政［2008］121号) が規定する比率を指す。
　関連負債資本比率とは、所得税法第46条及び所得税法実施条例第119条の規定の通り、企業が全ての関連者から受け入れた債権性投資（以下、「関連債権投資」という。）がその権益性投資（以下、「権益投資」という。）に占める割合である。関

連債権投資は、関連者が各種の形式で保証した債権性投資を含む。

第86条　関連負債資本比率の具体的な計算方法は以下の通りである。

$$関連負債資本比率 = \frac{年度中の各月平均関連債権投資の合計}{年度中の各月平均権益投資の合計}$$

そのうち、

$$各月平均関連債権投資 = \frac{（関連債権投資の月初帳簿残高 ＋ 月末帳簿残高）}{2}$$

$$各月平均権益投資 = \frac{（権益投資の月初帳簿残高 ＋ 月末帳簿残高）}{2}$$

権益投資は、企業の貸借対照表に記載されている所有者持分の金額である。所有者持分が払込資本（持分）と資本余剰金の和より小さい場合、権益投資は払込資本（持分）と資本余剰金の和である。払込資本（持分）と資本余剰金の和が払込資本（持分）より小さい場合、権益投資は払込資本（持分）である。

第87条　所得税法第46条にいう利息支出は、直接あるいは間接の関連債権投資に関わる実際の支払利息、保証料、抵当費用、及びその他の利息の性質を有する費用を含む。

第88条　所得税法第46条にいう課税所得額を計算する際に控除できない支払利息は、以後の納税年度に繰り越してはならない。また、各関連者へ支払った実際の利息は、その関連者利息総額に占める比率に基づいて関連者間で配分しなければならない。そのうち、実際の税負担が高い国内関連者に配分された利息は控除できる；直接あるいは間接的に国外関連者に支払った実際の利息は配当金とみなし、配当と利息それぞれに適用する所得税率の差により企業所得税を追加納付しなければならない。納付した所得税額が配当分配として計算される所得税額を超える場合、超えた部分は還付しない。

第89条　企業が関連者から受ける債権性投資と企業の権益性投資の比率が標準比率を超えた場合で、利息支出を課税所得から控除する必要がある場合、本弁法第3章の規定以外に、次の同時文書を準備、保存し、また税務機関の要求に応じてそれを提供して、関連債権投資金額、利率、期限、融資条件、及び負債資本比率等がすべて独立企業間原則に合致することを証明しなければならない。

(1) 企業の返済能力、負債を負担できる能力の分析
(2) 企業集団の負債を負担できる能力及び融資構造状況の分析
(3) 企業登録資本等権益投資の変動状況の説明
(4) 関連債権投資の性質、目的、及び取得時の市場状況
(5) 関連債権投資の貨幣種類、金額、利率、期限、及び融資条件
(6) 企業が提供した担保の状況及び条件
(7) 保証人の状況及び保証条件
(8) 同種類同期間貸付金の利率状況及び融資条件
(9) 転換社債の転換条件
(10) その他独立企業間原則に合致することを証明できる資料

第90条　企業が規定に基づいて同時文書を準備、保存、提出し、関連債権投資金額、利率、期間、融資条件及び負債資本比率等が独立企業間原則に合致することを証明できない場合、標準比率を超える関連者への利息支出は課税所得額を計算する際に控除してはならない。

第91条　本章にいう"実際の支払利息"とは、企業が発生主義の原則に従って関連原価や費用に計上した利息を指す。
　企業が実際に関連者に支払った利息に移転価格の問題が存在する場合、税務機関はまず本弁法第5章の関連規定に基づき移転価格調査及び調整を実施しなければならない。

第10章　一般租税回避管理

第92条　税務機関は、所得税法第47条及び同実施条例第120条の規定に基づき、以下の租税回避取引が存在する企業に対して一般租税回避防止調査を行うことができる。
(1) 優遇税制を濫用する
(2) 租税条約を濫用する
(3) 企業組織形式を濫用する
(4) タックス・ヘイブンを利用して租税回避を行う
(5) その他、合理的な商業目的のない取引に従事する

第93条　税務機関は、形式より実質を重視する原則に従って企業に租税回避取引が存在するか否かを審査し、取引の以下の内容を総合的に考慮しなければならない。
（1）取引の形式と実質
（2）取引の締結時期と実施期間
（3）取引の実現方式
（4）取引の各段階あるいは各構成部分の関係
（5）取引による各社の財務状況の変化
（6）取引の税効果

第94条　税務機関は、経済的実質に従って租税回避取引の性質を判断し、企業が租税回避取引によって得た税利益を取り消さなければならない。経済的実質のない企業、特に租税回避地で設立され、関連者あるいは非関連者の租税回避行為を引き起こす企業は、税制上その存在を否定することができる。

第95条　税務機関は、一般租税回避防止調査を行う際、徴収管理法及び同実施細則の関連規定に従い、企業に「税務検査通知書」を交付しなければならない。企業は通知書を受け取った日から60日以内に、当該取引に合理的な商業目的があることを証明できる資料を提出しなければならない。企業が規定された期限内に資料を提出せず、あるいは提出した資料が取引に合理的な商業目的があることを証明できない場合、税務機関はすでに把握している情報に基づき納税調整を行い、企業に「特別納税調査調整通知書」を交付することができる。

第96条　税務機関は、一般租税回避防止調査を行う際、徴収管理法第57条の規定に基づき、租税回避取引の計画者に事実通りの関連資料及び証明材料を提出することを要求できる。

第97条　一般租税回避防止調査及び調整の実施にあたって、国家税務総局に順次報告しその承認を得なければならない。

第11章　対応的調査及び相互協議

第98条　関連者取引の一方が移転価格調査及び調整を受ける場合、二重課税を解

消するため、他方に対応的調整を行うことを認めなければならない。対応的調整が租税条約締結国（地域）にある関連者に関わる場合、国家税務総局は、企業の申請を受けて、租税条約の締結相手国の主管税務当局と、租税条約の相互協議手続の関連規定に基づき協議を行う。

第99条　租税条約相手国（地域）にある関連者に関わる移転価格の対応的調整を要求する場合、企業は、国家税務総局と主管税務機関に対して同時に書面で申請を行い、「相互協議手続開始申請書」を提出し、また企業あるいはその関連者が移転価格調整を受けた旨の通知書の写し等関連資料を提供しなければならない。主管税務機関はそれらを審査してから、国家税務総局に順次報告する。

第100条　企業は、自らあるいはその関連者が移転価格調整通知書を受け取った日から3年以内に対応的調整の申請書を提出しなければならない。3年を超えた場合、税務機関はそれを受理しない。

第101条　税務機関が企業に対して移転価格調整を行い、それが海外関連者への利息支払い、賃貸料、特許使用料等に対する徴収済みの税額に関わる場合、対応的処理を行わない。

第102条　国家税務総局は、本弁法第6章の規定に基づき企業の二国間あるいは多国間事前確認の申請を受けた場合、租税条約締結相手国の税務主管当局と、租税条約の相互協議手続の規定に基づいて協議しなければならない。

第103条　対応的調整あるいは相互協議の結果は、国家税務総局が主管税務機関を通じて書面で企業に交付する。

第104条　本弁法第9章にいう課税所得額を計算する際に控除できない利息支出及び配当とみなされる利息支出には、本章の対応的調整の規定を適用しない。

第12章　法律責任

第105条　企業が本弁法の規定に従い、税務機関に企業年度関連業務往来報告表を提出しない、あるいは同時文書やその他の関連資料を保存しない場合、徴収管理

法第60条と第62条の規定に基づき処理する。

第106条　企業が、同時文書など関連者との取引の関連資料の提出を拒否し、あるいは虚偽、不完全な資料を提出して関連者取引の状況を真実に反映しない場合、徴収管理法第70条、徴収管理法実施細則第96条、所得税法第44条、及び所得税法実施条例第115条の規定により処理する。

第107条　税務機関は、企業に対して特別納税調整を行う場合、所得税法及び同実施条例の規定に基づき、2008年1月1日以降に発生した取引に対して追徴する企業所得税に対して1日ごとに利息を加算しなければならない。
(1) 利息の計算期間は、税額の帰属する納税年度の翌年6月1日から追加納税（仮納付）額の支払日までである
(2) 利率は、税額の帰属する納税年度の12月31日に適用される、税額追徴期間と同じ期間の中国人民銀行の人民元貸付基準利率（以下、「基準利率」という。）に5％を加えて計算する。基準利率は、年間365日で1日当たりの利率に換算する
(3) 企業が、本弁法の規定に基づき同時文書及びその他の関連資料を提出する場合、あるいは企業が本弁法第15条の規定に該当し、同時文書の準備を免除されたが税務機関の要求に応じてその他の関連資料を提出する場合、基準利率のみによって利息を計算することができる。

　　企業が本弁法第15条第(1)項の規定に基づき同時文書の準備を免除されたが、税務機関の調査を受けて、その実際の関連者取引額が同時文書を準備すべき基準に達した場合、税務機関が追加税額に加算する利息については、本条の第(2)項の規定を適用する
(4) 本条の規定に従い加算される利息は、課税所得額を計算する際に控除してはならない

第108条　企業が税務機関による特別納税調整の決定前に税額を仮納付した場合、調整追徴税通知書を受け取って追徴税額を納付する際、追徴税額が帰属する年度の順番に従って仮納付した税額の帰属年度を確定し、それぞれに対して仮納付日まで加算される利息を計算する。

第109条　企業は、特別納税調整により追徴される税額と利息を、税務機関の調整

通知書に規定された期限内に納付しなければならない。企業が特殊な理由により規定の期限までに税金及び利息を納付できない場合、徴収管理法第31条及び徴収管理法実施細則第41条と第42条の関連規定に従い、税金及び利息の納付延期を申請しなければならない。期限を越えても延期を申請しない、または税金及び利息を納付しない場合、税務機関は、徴収管理法第32条及びその他の関連規定に基づき処理しなければならない。

第13章　附則

第110条　税務機関は、移転価格管理と事前確認管理以外の特別納税調整事項に対して実施した調査調整手続について、本弁法第5章の関連規定を参照して適用できる。

第111条　各級国家税務局及び地方税務局は、企業に対して特別納税調査・調整を行う過程での連携を強化しなければならず、また必要に応じて連合調査チームを組んで調査を行うことができる。

第112条　税務機関及びその職員は、「国家税務総局発・納税者の税務交渉に関わる情報守秘管理暫定弁法」（国税発［2008］93号）などによる機密守秘規定に従い、企業が提供した情報や資料を保管、使用しなければならない。

第113条　本弁法で規定する期限の最終日が法定休日である場合、休日が終わる翌日を期限の最終日とする。期限内に連続3日間以上の法定休日がある場合、休日の日数に従い期限を順延する。

第114条　本弁法にいう"以上"、"以下"、"日以内"、"の日"、"の前"、"より少ない"、"未満"、"超える"等には、全てその数を含む。

第115条　被調査企業が、税務機関が特別納税調査、調整を実施する期間中に経営地の変更及び税務登記の抹消を申請する場合、税務機関は、原則として、調査終了まで税務上の変更、抹消手続を行わない。

第116条　企業は、2008年納税年度に発生した関連者取引に関する本弁法第3章の

規定に基づく同時文書の準備を、2009年12月31日まで延期できる。

第117条　国家税務総局が本弁法の解釈と改正に責任を負う。

第118条　本弁法は2008年1月1日より実施する。『国家税務総局発・関連企業間取引税務管理規定（試行）』（国税発［1998］59号）、『国家税務総局発・「関連企業間取引税務管理規定」（試行）の改正に関する通知』（国税発［2004］43号）、及び『国家税務総局発・関連企業間取引事前確認実施細則』（国税発［2004］118号）は同時に廃止する。本弁法が発布される前に実施された関連規程と本弁法に不一致があれば本弁法を適用する。

4．中華人民共和国税収徴収管理法（移転価格関連条文）

第3章　税金徴収

第31条　納税者と源泉徴収義務者は、法律や行政法規の規定、あるいは税務機関が法律、行政法規の規定に基づき確定した期限に従って、税の納付あるいは源泉徴収・納付を行わなければならない。
　納税者に特殊な困難があり、期限通りに納税ができない場合、省、自治区、直轄市の国家税務局、地方税務局の認可を受けて納税期限を延長することができるが、最長でも3ヵ月を超えてはならない。

第32条　納税者が規定の期限に従って税金を納付しない場合、あるいは源泉徴収義務者が規定の期限に従い税金を徴収・納付しない場合、税務機関は期限付きで納付命令を出すほか、税金を滞納した日から1日当たり滞納税額の0.05％の滞納金を加算する。

第36条　企業、あるいは外国企業が中国国内に設立した生産・経営に従事する機構・拠点とその関連企業の間の取引は、独立企業間取引において受け取る価格あるいは支払われる費用に基づいて行わなければならない。独立企業間取引において受け取る価格あるいは支払われる費用に基づいて取引が行われなかったために課税収入あるいは所得額が減少した場合、税務機関は合理的な調整を行う権限を有する。

第4章　税務調査

第54条　税務機関は下記の税務調査を行う権限を有する。
（1）納税者の帳簿、記帳証憑、財務諸表及び関連資料の調査、ならびに源泉徴収義務者の源泉徴収・納税、代理徴収・納付の帳簿、記帳証憑及び関連資料の調査
（2）納税者の生産・経営拠点及び貨物の保管場所における、課税対象となる商品、貨物、その他の資産の調査、ならびに源泉徴収義務者の源泉徴収・納税、代理徴収・納税に関する経営状況の調査

（3）納税者、源泉徴収義務者に対する、納税あるいは源泉徴収・納付、代理徴収・納付に関わる文書、証拠資料及び関係資料の提出要求

（4）納税者、源泉徴収義務者に対する、納税あるいは源泉徴収・納付、代理徴収・納付に関わる問題及び状況についての質問

（5）駅、港、空港、郵政企業及びその支部において行われる、納税者が託送、郵送する課税商品、貨物、あるいはその他の資産に関する伝票、証憑及び関連資料の調査

（6）県以上の税務局（分局）長の認可を受け、全国統一様式の預金口座検査許可証明を提示して行う、生産・経営に従事する納税者、源泉徴収義務者が銀行あるいはその他の金融機関にもつ預金口座の照会。税務機関が違法租税案件を調査する場合、区を設立している市、あるいは自治州以上の税務局（分局）長の認可を受ければ、嫌疑者が蓄財する預金口座の照会を行うことができる。税務機関は預金口座照会から得た情報を徴税目的以外に使用してはならない

第55条　税務機関が生産・経営に従事する納税者に対して法に従って過去の納税期の税務調査を実施し、納税者の租税回避が発見され、かつ課税対象となる商品、貨物及びその他の資産あるいは課税となる収入の移転、隠蔽の形跡が明らかとなった場合、本法が規定する権限に従って、税収保全措置あるいは強制執行措置を採ることができる。

第56条　納税者、源泉徴収義務者は、税務機関が法に基づき行う税務調査に協力し、状況をあるがままに報告し、関連資料を提出せねばならず、また拒否、隠蔽を行ってはならない。

第57条　税務機関が法に基づき税務調査を行う場合、関係する組織及び個人に対して、納税者、源泉徴収義務者、及びその他当事者の納税あるいは源泉徴収・納付、代理徴収・納付に関する状況について調査する権限を有する。また、関係する組織及び個人は、税務機関に対して、関係資料及び証拠資料をあるがままに提出する義務がある。

第58条　税務機関が違法税務案件の調査を行う際、その案件に関連する状況、資料を、記録、録音、録画、撮影、及び複製することができる。

第59条　税務機関が派遣する職員が税務調査を行う場合、「税務検査証」及び「税務検査通知書」を提示しなければならず、また被調査人の秘密を保持する責任を負う。「税務検査証」及び「税務検査通知書」の提示を行わない場合、被調査人は調査を拒否する権利を有する。

第5章　法律責任

第60条　納税者が下記のいずれかの状況にある場合、税務機関は期限付きで改善命令を出し、また2,000元以上10,000元以下の罰金を科す。
（1）規定に基づく期限内に税務登記、変更登記、あるいは登記抹消の申告を行わない場合
（2）規定に基づいて帳簿を設置、保管しない、あるいは記帳証憑及び関連資料を保管しない場合
（3）規定に基づいて財務・会計制度、あるいは財務・会計処理方法及び会計処理ソフトウェアを税務機関に報告、登録していない場合
（4）規定に基づいてすべての銀行口座番号を税務機関に報告していない場合
（5）規定に基づいて税収管理レジスター製品を使用していない場合、あるいは税収管理レジスター製品を毀損、改造した場合

　納税者が税務登記をしない場合、税務機関は期限付きで改善命令を出す。期限を過ぎても改善されない場合、税務機関の要求に従い、工商行政管理機関がその営業許可証を没収する。

　納税者が規定に基づいて税務登記証を使用しない、あるいは税務登記証を貸与、改竄、毀損、売買、偽造した場合、2,000元以上10,000元以下の罰金を科す。

　違反が重大である場合は10,000元以上50,000元以下の罰金を科す。

第62条　納税者が規定の期限内に納税申告及び申告資料を提出しない場合、あるいは源泉徴収義務者が規定の期限内に税務機関に源泉徴収・納付、代理徴収・納付の報告書及び関連資料を提出しない場合、税務機関は期限付きで改善命令を出し、また2,000元以下の罰金を科すことができる。違反が重大である場合、2,000元以上10,000元以下の罰金を科すことができる。

第70条　納税者、源泉徴収義務者が逃避、拒否あるいはその他の方法で税務機関の調査を妨害した場合、税務機関は改善を命じ、また10,000元以下の罰金を科すこ

とができる。違反が重大である場合、10,000元以上50,000元以下の罰金を科す。

5．中華人民共和国税収徴収管理法実施細則（移転価格関連条文）

第5章　税金徴収

第41条　納税者が以下の状況のいずれかにある場合、税収徴収管理法第31条にいう特殊な困難に該当する。
(1) 不可抗力により、納税者に多大な損失がもたらされ、正常な生産・経営活動が比較的大きな影響を受けた場合
(2) 当期の貨幣性資産が、未払従業員給与及び社会保険費の控除後、納税額に満たない場合

　計画単列市の国家税務局、地方税務局は、税収徴収管理法第31条第2項の認可権限を参照して、納税者の納税延期の審査・認可を行うことができる。

第42条　納税者が納税を延期しなければならない場合、納税期限満了前に申請を行わなければならず、また下記の資料を提出しなければならない：納税延期申請報告書、当期の貨幣性資産残高の状況及びすべての銀行勘定照合表、貸借対照表、未払従業員給与及び社会保険費等税務機関が提出を要求する支出予算。

　税務機関は、納税延期申請報告を受理してから20日以内に認可、不認可を決定しなければならない。認可されない場合は、納税期限日から滞納金を徴収する。

第51条　税収徴収管理法第36条にいう関連企業とは、下記のいずれかの関係にある会社、企業及びその他の経済組織をいう。
(1) 資金、経営、売買等の面において、直接又は間接的な支配関係が存在する場合
(2) 直接または間接的に同一の第三者による支配を受けている場合
(3) 利益上の関連を有するその他の関係

　納税者は、主管税務機関に対して、関連企業間取引に関連する価格、費用準備等の資料の提出義務を負う。具体的な方法については国家税務総局が制定する。

第52条　税収徴収管理法第36条にいう独立企業間取引とは、関連関係にない企業が公正な取引価格及び商習慣に基づいて行う取引のことを指す。

第53条　納税者は、関連企業間取引における価格設定原則及びその計算方法を主管税務機関に対して提出することができる。主管税務機関はそれを審査・認可した後、関連企業間取引価格設定に関わる事項について納税者と事前に合意し、納税者によるその実行を監督する。

第54条　納税者とその関連企業との取引が下記のいずれかの状況にある場合、税務機関はその納税額を調整することができる。
(1)　売買取引において、独立企業間取引に基づかないで価格設定する場合
(2)　融資取引において、支払利息あるいは受取利息が、関連関係にない企業間で同意される金額を上回るもしくは下回る場合、あるいは利率が同種取引における正常な利率を上回るもしくは下回る場合
(3)　役務提供において、独立企業間取引に基づかないで役務料金を受け取るあるいは支払う場合
(4)　資産譲渡、資産使用権の提供等の取引において、独立企業間取引に基づかないで価格設定、費用の受取、支払を行う場合
(5)　独立企業間取引に基づかないで価格設定するその他の状況

第55条　納税者が本細則第54条にあげるいずれかの状況にある場合、税務機関は下記の方法によって課税収入あるいは所得を調整することができる。
(1)　独立企業間で行われる同じあるいは類似した取引における価格に基づく場合
(2)　関連関係にない第三者への再販売により取得した収入及び利益水準に基づく場合
(3)　原価に合理的な費用及び利益を加算した価格に基づく場合
(4)　その他合理的な方法に基づく場合

第56条　納税者とその関連企業が独立企業間取引に基づかないで代金、費用の支払を行った場合、税務機関は当該取引が発生した納税年度から3年以内に調整を行わなければならない。特殊な状況にある場合、当該取引が発生した納税年度から10年以内に調整を行うことができる。

第6章　税務調査

第85条　税務機関は科学的な調査制度を確立し、調査業務を統括・手配し、納税

者、源泉徴収義務者に対する調査回数を厳格に管理しなければならない。

　税務機関は合理的な税務調査業務規定を制定しなければならず、案件の選定、調査、審査に責任を負う。また調査担当者の職責を明確にし、かつそれを相互に分離・牽制するものとし、また案件の選定手順及び調査行為を規範化しなければならない。

　税務調査業務の具体的な方法は、国家税務総局が制定する。

第86条　税務機関が税収徴収管理法第54条第(1)項に定める職権を行使する場合、納税者、源泉徴収義務者の事業所においてそれを行うことができる。必要な場合、県級以上の税務局（分局）長の認可を得て、納税者、源泉徴収義務者の過去の会計年度の帳簿、記帳証憑、財務諸表及びその他の関係資料を押収し、税務機関で調査を行うことができる。ただし、税務機関は納税者、源泉徴収義務者に押収物件の一覧を発行し、3ヵ月以内にそれらをすべて返却しなければならない。特殊な状況の場合、区を設置している市、自治州以上の税務局長の認可を得て、納税者、源泉徴収義務者の当年度の会計帳簿、証憑、財務諸表及びその他の関係資料を押収し調査を行うことができる。ただし税務機関はこれらを30日以内に返却しなければならない。

第87条　税務機関が税収徴収管理法第54条第(6)項の職権を行使する場合、専任者を指定し、全国統一様式の預金口座検査許可証明に基づいてそれを実施し、また被調査人の秘密を保持する義務を負う。

　預金口座検査許可証明は国家税務総局が制定する。

　税務機関の調査内容には、納税者の預金口座残高及び資金取引状況を含む。

第88条　税収徴収管理法第55条の規定による税務機関の税収保全措置の執行期限は、一般に6ヵ月を超えてはならない。重大案件で延長を要する場合は、国家税務総局に報告し、許可を得なければならない。

第89条　税務機関及び税務職員は、税収徴収管理法及び本細則の規定に基づいて税務調査の職権を行使しなければならない。

　税務職員は税務調査を実施する際、「税務検査証」及び「税務検査通知書」を提示しなければならない。「税務検査証」及び「税務検査通知書」がない場合、納税者、源泉徴収義務者及びその他の当事者は調査を拒否する権利を有する。税務機

関が集合市場及び集中経営事業者に対して調査を行う際は、統一の「税務検査通知書」を使用することができる。

「税務検査証」及び「税務検査通知書」の様式、使用及び具体的な管理方法は国家税務総局が制定する。

第7章　法律責任

第96条　納税者、源泉徴収義務者が下記のいずれかの状況にある場合、税収徴収管理法第70条の規定に基づき処罰する。
(1) 虚偽の資料を提出し、状況をありのままに報告せず、あるいは関連資料の提出を拒否した場合
(2) 税務機関による案件に関する状況及び資料の記録、録音、録画、撮影、及びに複製を拒否あるいは阻止した場合
(3) 調査期間中、納税者、源泉徴収義務者が関連資料を移動、隠蔽、破棄した場合
(4) 法に従って税務調査を受けないその他の状況

6．国家税務総局発「中華人民共和国企業年度関連業務往来報告表」の発布に関する通達

国税発［2008］114号

各省、自治区、直轄市及び計画単列市の国家税務局、地方税務局：

「中華人民共和国企業所得税法」及びその実施条例を貫徹するために、国家税務総局は「企業年度関連業務往来報告表」を制定した。企業所得税法第43条第1款の規定に基づき、企業は税務機関に企業所得税納税申告表を報告する際、「企業年度関連業務往来報告表」を合わせて報告しなければならない。

「中華人民共和国企業年度関連業務往来報告表」(附属文書を参照) を発送するので、各地の納税機関は、上記報告表の印刷、発送、学習、職員の訓練、及びソフトウェアの修正等の作業を適時に行ってもらいたい。

附属文書：「中華人民共和国企業年度関連業務往来報告表」

7．財政部　国家税務総局発・企業の関連者利息支出の税前控除基準についての租税政策問題に関する通知

財税［2008］121号

財政部　国家税務総局

全文有効　作成日：2008年09月19日

各省、自治区、直轄市、計画単列市財政庁（局）、国家税務局、地方税務局、新疆生産建設兵団財務局：

　企業の利息支出の税前控除を規範化し、企業所得税管理を強化するため、『中華人民共和国企業所得税法』（以下、「税法」という。）第46条、及び『中華人民共和国企業所得税実施条例』（国務院令第512号。以下、「実施条例」という。）第119条の規定に基づき、企業が関連者から受け入れる債権性投資に対する利息支出の税前控除にかかわる政策問題について下記の通り通知する。

1．課税所得の計算時、企業が実際に関連者に支払った利息支出は、以下の規定比率を上回らず、かつ税法及び同実施条例の関連規定によって算出した金額を上回らない分の控除のみが認められる。超過部分は発生年度及び将来年度において控除してはならない。

　企業が実際に関連者に支払った利息支出を控除するためには、本通知第2条の規定に符号する場合を除いて、関連者から受け入れる債権性投資と権益性投資の比率が以下のとおりでなければならない。
（一）金融企業の場合　5：1
（二）その他企業の場合　2：1

2．企業が、税法及びその実施条例の関連規定に従った関連資料を提出し、かつ関連者取引が独立企業間原則に符合していることを証明できる場合、あるいは、国内関連者に利息を支払う企業の実質税負担が受取国内関連者のそれを上回らない場合、課税所得の算定上、企業が実際に支払った利息支出の控除が認められる。

3．企業が同時に金融業務と非金融業務に従事している場合、関連者に実際に支

払った利息支出を合理的な方法によってそれぞれに配分計算しなければならない。合理的な方法により配分計算できなければ、本通知第1条に定められたその他の企業に適用される比率を一律に適用して、税前控除できる利息支出を計算しなければならない。

4．企業は、関連者から受け取った規定に合致しない利息収入に対して、関連規定に基づき企業所得税を納付しなければならない。

8．国税発［2005］115号―国家税務総局発・「中国居民（国民）による租税に関する相互協議手続開始の申立てについての暫定弁法」の公布に関する通達

2005年7月7日

各省、自治区、直轄市、及び計画単列市国家税務局、地方税務局：

　租税条約締結相手国における中国居民（国民）の合理的な権益を保護し、中国居民（国民）が相手国で遭遇した税務問題を解決するため、国家税務総局は「中国居民（国民）による租税に関する相互協議手続開始の申立てについての暫定弁法」を制定し、ここに貴方宛印刷、配布するので、それを施行し、またテレビ、新聞、回線、テレビ局などを通じて、当該規定の内容を公布すること。

　中国居民（国民）の相互協議申立てを受理することは、国家及び納税者の正当な権利を確保し、微税サービスの水準を高め、国際税収徴収管理の業務を改善するための重要な手段である。各地は当該業務の重要性を充分理解し、関連規定の執行に努めるべきである。

附表：「中国居民（国民）による租税に関する相互協議手続開始の申立てについての暫定弁法」

第1条　中国居民（国民）の合法的な権益を保護し、中国居民（国民）が相手国で遭遇した税務問題を解決するため、わが国（政府）と他の国（政府）が締結した所得（あるいは資産）に対する二重課税及び租税回避防止のための条約、及び中国大陸と特別行政区が締結した所得に対する二重課税及び租税回避防止のための協定（以下、「租税条約」という。）、中華人民共和国税収徴収管理法及びその実施細則に基づき、中国における税収徴収管理に関する実務を考慮して、本規定を制定した。

第2条　相互協議手続開始の申立てとは、中国居民（国民）は相手国の措置により、租税条約に適合しない課税を受けた、または受ける可能性がある場合に、国家税務総局（以下、「総局」という。）に対して申立てをし、総局及び相手国の権限ある当局が相互協議を通じて当該事案を解決するよう求めることを指している。

第3条　本弁法第2条でいう"中国居民"とは「中華人民共和国企業所得税法暫定条例」、「中華人民共和国外商投資企業及び外国企業所得税法」、及び「中華人民共和国個人所得税法」により、中国国内及び国外を源泉とする所得に対して中国に納税義務を負う企業又は個人をいう。

第4条　本弁法第2条の"中国国民"とは、中国国籍を有するすべての個人、中国法人、及び法人格を有しない中国の団体をいう。

第5条　本弁法第2条の"条約相手国"とは、中国と租税条約を締結し、かつ当該租税条約が執行されている国及び地域をいう（わが国が現在締結している租税条約は、総局のウェブサイトwww.chinatax.gov.cnで検索可能）。

第6条　相互協議の申立てに適用される税目は租税条約の関連規定により規定されているが、一般的に、所得及び資産に関連する租税である。相互協議の申立てに適用される税目が租税条約の関連規定で定めるもの以外である場合、中国居民（国民）はその他の税目に起因する争議であっても相互協議で申し立てることができる。

第7条　中国居民は下記の状況のいずれかに遭遇した場合、相互協議手続の開始を申し立てることができる。
(1) 二国間の事前確認を申請する必要がある場合
(2) 関連企業間の取引に対して納税所得の更生、追加課税されることにより二重課税を受ける可能性がある、もしくはすでに二重課税を受けた場合
(3) 配当、利息、特許権使用料などに関する課税及び適用税率に対して異議がある場合
(4) 租税条約の中の無差別条項に違反し、差別的待遇が構成される可能性がある、もしくはすでに構成された場合
(5) 恒久的施設及び居住者の認定、及び恒久的施設に関する利益帰属及び費用控除に異議がある場合
(6) 租税条約の内容についての解釈及び執行に問題があり、独自で解決できない場合
(7) その他の二重課税を受けた、または受ける可能性がある場合

第8条　中国国民が、相手国の無差別取扱条項違反により差別的取扱いを受けた、あるいは受ける可能性があると認定した場合、相互協議手続開始の申立てができる。

第9条　相互協議手続開始の申立ては、租税条約で規定する期間内（一般的に、租税条約の規定に適合しない課税についての最初の通知日から3年以内）に、主管の省、自治区、直轄市、及び計画単列市の国家税務局あるいは地方税務局まで、書面の形式で行わなければならない。

第10条　申立書は以下の内容を含む。
(1) 申請者基本状況。相手国に所在する中国居民（国民）の相手方の姓名又は名称、納税者識別番号又は登録番号、詳細な住所、郵便番号、連絡者、電話番号、主管税務機関の名称及び住所（中国語、英語）、中国居民（国民）の名前又は名称、詳細な住所、郵便番号、連絡者、電話番号及び主管税務機関の名称を含む
(2) 案件事実。一般に、次を含む：案件に関連する国（地域）、相手方及びそれとの関係、経済活動、納税年度、所得（収入）の種類、租税の種類、税額、租税条約（及び他の法律）の関連条項
(3) 申請者と相手国の権限ある当局との争点
(4) 相手国の権限ある当局の争議内容に対する意見、理由及び根拠。状況により相手国の権限ある当局の処理決定又は通知を添付する
(5) 申請者の争議内容に対する意見、理由及び根拠。当該案件について、提起済みあるいは提起予定の訴訟、又はその他法律上の救済措置を適用する場合、その経緯を説明し、かつ関連決定、判決のコピー及び中国語の翻訳の文書を添付しなければならない
(6) 申請者が既に了解している、締約相手国の関連、類似あるいは同一の案件の判例
(7) 説明。申請書及び添付資料が機密文書であるかどうか、及びその機密レベル（秘密、機密、極秘）
(8) 最終声明。「私は、本申請書及び添付資料により提供する情報は、全て真実、完全、そして正確であることを謹んでここに声明する。」
(9) 税務機関が要求するその他の必要資料

第11条　税務機関は申立てを受理した後、初歩的な審査を経て、15営業日以内に総局に報告しなければならない。

第12条　相互協議の要件を満たしている場合、総局は相手国の権限ある当局と相互協議を行う。相互協議の要件を全く満たしていない場合、書面の形式で、申立書を受理した税務機関を通じて申立者に通知する。相互協議の要件を満たしていないが、関連資料及び説明を追加すれば相互協議を行うことができる場合は、総局は、申立てを受理した税務機関を通じて申立者に連絡する。緊急な事案については、総局が申立者に直接連絡することもできる。

第13条　相互協議の結果について、総局は、申立てを受理した税務機関を通じて、書面の形式で申立者に通知する。

第14条　本弁法の解釈には国家税務総局が責任を負う。

第15条　本弁法は2005年7月1日から施行する。

9．国税函〔2009〕363号―クロスボーダーの関連取引の監視及び調査の強化に関する通知（抄）

2009年7月6日

各省、自治区、直轄市及び計画単列市国家税務局、地方税務局：
　特別納税調整管理をいっそう規範化し、多国籍企業が金融危機を背景として国外企業の経営損失を国内の関連企業に移転することを防止するため、≪国家税務総局の＜特別納税調整実施弁法（試行）＞の通知≫（国税発〔2009〕2号）の規定に基づき、ここに企業のクロスボーダー関連取引の監視及び調査の関連問題について以下の通り明確にする。

1．多国籍企業が中国国内に設立した単一生産（来料加工あるいは進料加工）、小売あるいは受託研究開発等の限定されたリスクを負担する企業は、金融危機による市場リスクや戦略リスク等を負担すべきではなく、機能・リスクに相応する利益分配がなされるという移転価格原則に基づき、合理的な利益水準が維持されなければならない。
2．上述の限定された機能及びリスクを負担する企業に損失が生じた場合には、同時文書作成の基準に達しているか否かにかかわらず、損失が生じた年度については同時文書及びその他の関連資料を準備するとともに、翌年の6月20日までに主管税務機関に報告送付すること。
3．各地の税務機関はクロスボーダー関連取引の監視を強化し、各種ルートを通じた国外の経営損失（潜在的な損失を含む。）の国内への移転、及び国内利益がタックス・ヘイブンの多国籍企業への流出について重点的に調査を行い、機能・リスク分析と比較可能性分析を強化し、合理的な移転価格算定方法を選択して、企業の利益水準を確定しなければならない。

10. 所得に対する租税に関する二重課税の回避及び脱税の防止のための日本国政府と中華人民共和国政府との間の協定(「日中租税条約」)

第25条　相互協議

1. いずれか一方の又は双方の締結国の措置によりこの協定の規定に適合しない課税を受けたと又は受けることになると認める者は、当該事案について、当該締約国の法令に定める救済手段とは別に、自己が居住者である締約国の権限ある当局に対して又は当該事案前条1の規定の適用に関するものである場合には自己が国民である締約国の権限ある当局に対して、申立てをすることができる。当該申立ては、この協定の規定に適合しない課税に係る当該措置の最初の通知の日から3年以内にしなければならない。

2. 権限ある当局は、1の申立てを正当と認めるが、満足すべき解決を与えることができない場合には、この協定の規定に適合しない課税を回避するため、他方の締約国の権限ある当局との合意によって当該事案を解決するよう努める。成立したすべての合意は、両締約国の法令上のいかなる期間制限にもかかわらず、実施されなければならない。

3. 両締約国の権限ある当局は、この協定の解釈又は適用に関して生ずる困難又は疑義を合意によって解決するよう努める。両締約国の権限ある当局は、又、この協定に定めのない場合における二重課税を除去するため、相互に協議することができる。

4. 両締約国の権限ある当局は、2及び3の合意に達するため、直接相互に通信することができる。両締約国の権限ある当局は、合意に達するために適当と認める場合には、口頭による意見の交換を行うため会合することができる。

参考資料(1)

中華人民共和国
企業年度関連業務往来報告表

所属年度:　　年

納税者名称(印鑑):
納税者識別番号:□□□□□□□□□□□□□□□
法定代表者:
連絡電話:
申告日:

主管税務機関名称(受理専用印):
受理者:
連絡電話:
受理日:

関連関係表（表一）

関連者名称	納税者識別番号	国家（地域）	住所	法定代表者	関連関係類型

作成者（印鑑）：　　　　　　　　法定代表者（印鑑）：

関連取引総括表（表二）

1. 本年度、要求に基づき同時文書を準備したか：はい□ いいえ□ ; 2. 本年度同時文書の準備が免除される□ ; 3. 本年度、費用分担契約を結ぶ：はい□ いいえ□

金額単位：人民元（角まで）

取引内容	取引総額	関連取引		国外関連取引				国内関連取引	
		金額	比率%	金額	比率%	比率%		金額	比率%	比率%
	1	2＝4＋7	3＝2/1	4	5＝4/1	6＝4/2		7	8＝7/1	9＝7/2
材料（商品）仕入										
商品（材料）販売										
役務収入										
役務支出										
無形資産譲受										
無形資産譲渡										
固定資産譲受										
固定資産譲渡										
受取利息		—	—					—	—	
支払利息		—	—					—	—	
その他		—	—					—	—	
合計										

作成者（印鑑）：　　　　　　　　　　　　　　法定代表者（印鑑）：

仕入・販売表（表三）

金額単位：人民元（角まで）

一、仕入・販売総額					
材料（商品）仕入		金額	商品（材料）販売		金額
仕入総額1＝2＋5			販売総額8＝9＋12		
そのうち	輸入仕入2＝3＋4		そのうち	輸出販売9＝10＋11	
	そのうち	非関連輸入3		そのうち	非関連輸出10
		関連輸入4			関連輸出11
	国内仕入5＝6＋7			国内販売12＝13＋14	
	そのうち	非関連仕入6		そのうち	非関連販売13
		関連仕入7			関連販売14

二、輸出貿易方式分類による輸出販売収入				
来料加工	関連取引金額	非関連取引金額	他の貿易方式	関連取引金額	非関連取引金額

三、輸出販売総額の10％以上を占める国外販売先およびその取引

国外関連者名称	国家（地域）	取引金額	価格設定方式	備考

国外非関連者名称	国家（地域）	取引金額	価格設定方式	備考

四、輸入仕入総額の10％以上を占める国外仕入先およびその取引

国外関連者名称	国家（地域）	取引金額	価格設定方式	備考

国外非関連者名称	国家（地域）	取引金額	価格設定方式	備考

作成者（印鑑）：　　　　　　法定代表者（印鑑）：

役務表（表四）

金額単位：人民元（角まで）

一、役務取引総額					
役務収入		金額	役務支出		金額
役務収入1＝2＋5			役務支出8＝9＋12		
そのうち	国外役務収入2＝3＋4		そのうち	国外役務支出9＝10＋11	
	そのうち 非関連役務収入3			そのうち 非関連役務支出10	
	関連役務収入4			関連役務支出11	
	国内役務収入5＝6＋7			国内役務支出12＝13＋14	
	そのうち 非関連役務収入6			そのうち 非関連役務支出13	
	関連役務収入7			関連役務支出14	

二、役務収入総額の10％以上を占める国外役務収入についてその取引先と取引内容

国外関連者名称	国家（地域）	取引金額	価格設定方式	備考

国外非関連者名称	国家（地域）	取引金額	価格設定方式	備考
			———	
			———	
			———	

三、役務支出総額の10％以上を占める国外役務支出についてその取引先と取引内容

国外関連者名称	国家（地域）	取引金額	価格設定方式	備考

国外非関連者名称	国家（地域）	取引金額	価格設定方式	備考
			———	
			———	
			———	

作成者（印鑑）：　　　　　　　　法定代表者（印鑑）：

無形資産表（表五）

金額単位：人民元（角まで）

項　目		取引総額 1=2+3+4+5	譲　受				取引総額 6=7+8+9+10	譲　渡			
			海外から譲り受けた無形資産		国内から譲り受けた無形資産			海外へ譲渡した無形資産		国内へ譲渡した無形資産	
			関連 取引金額	非関連 取引金額	関連 取引金額	非関連 取引金額		関連 取引金額	非関連 取引金額	関連 取引金額	非関連 取引金額
			2	3	4	5		7	8	9	10
使用権	土地使用権										
	特許権										
	非特許技術										
	商標権										
	著作権										
	その他										
	合計										
所有権	特許権										
	非特許技術										
	商標権										
	著作権										
	その他										
	合計										
総　計											

作成者（印鑑）：　　　　　　　　　　　　　　　法定代表者（印鑑）：

固定資産表（表六）

金額単位：人民元（角まで）

項　目	譲　受						譲　渡				
	取引総額	海外から譲り受けた固定資産		国内から譲り受けた固定資産		取引総額	海外へ譲渡した固定資産		国内へ譲渡した固定資産	
		関連取引金額	非関連取引金額	関連取引金額	非関連取引金額		関連取引金額	非関連取引金額	関連取引金額	非関連取引金額
	1=2+3+4+5	2	3	4	5	6=7+8+9+10	7	8	9	10
使用権	家屋、建築物										
	飛行機、汽車、船舶、機械、機器、その他生産設備										
	生産経営活動に関わる器具、工具、家具など										
	飛行機、汽車、船舶以外の輸送機器										
	電子設備										
	その他										
	合　計										
所有権	家屋、建築物										
	飛行機、汽車、船舶、機械、機器、その他生産設備										
	生産経営活動に関わる器具、工具、家具など										
	飛行機、汽車、船舶以外の輸送機器										
	電子設備										
	その他										
	合　計										
総　計											

作成者（印鑑）：　　　　　　　　　　　　　　法定代表者（印鑑）：

融資資金表（表七）

企業が関連者から受け取った債権性投資と権益性投資の比率：_____

金額単位：人民元（角まで）

	海外関連者名称	国家（地域）	通貨種別	融資金額 借入金額	融資金額 貸出金額	利率	融資期間	支払利息	受取利息	保証人名称	保証料	保証料率
定期融資												
その他												
合計						―	―			―		―

	国内関連者名称	国家（地域）	通貨種別	融資金額 借入金額	融資金額 貸出金額	利率	融資期間	支払利息	受取利息	保証人名称	保証料	保証料率
定期融資												
その他												
合計						―	―			―		―
総計						―	―			―		―

作成者（印鑑）：

法定代表者（印鑑）：

対外投資情況表（表八）

金額単位：人民元（角まで）

一、企業の基本情報

名称		納税者識別番号	
登記住所		法定代表者	

二、被投資外国企業の基本情報

名称		納税者識別番号	
登記住所		法定代表者	
法定代表者の住所		記帳通貨	
主要業務範囲		人民元に対する為替レート	
		納税年度期間	

被投資外国企業の株式に関する情報			企業が所有する被投資外国企業の株式に関する情報		
総株数	期間	株の種類	期間	持株数	持株比率%
1	2	3	4	5	6＝5/1

三、被投資外国企業は国家税務総局が指定した非低税率国家（地域）に所在するか？はい□　いいえ□

四、被投資外国企業の年度利益は５００万元以下か？　はい□　いいえ□

五、被投資外国企業の年間企業所得税負担についての情報

課税所得額	実際に納付した所得税	税引後利益	実際の税負担率%	被投資外国企業の法定所得税率
7	8	9＝7－8	10＝8/7	11

六、被投資外国企業のすべての株主に関する情報

株主名称	国家(地域)	納税者識別番号	持株種類	期間	総株に占める比率%

対外投資情況表（表八）

上表から続く　　　　　　　　　　　　　　　　　　金額単位：人民元（角まで）

七、被投資外国企業の年度損益書		八、被投資外国企業の貸借対照表	
項目	金額	項目	金額
収入総額		現金	
原価		売掛金	
売上総利益		在庫	
配当金収入		その他の流動資産	
利息収入		株主あるいは他の関連者への貸付金	
リース、ロイヤルティ収入		子会社への投資	
資産譲渡益（損失）		その他の投資	
その他収入		建築物およびその他償却可能資産	
補償金の控除		土地	
リース、ロイヤルティ支出		無形資産	
利息支出		その他の資産	
減価償却費		総資産	
税金		買掛金	
その他控除		その他流動負債	
年間純利益		株主あるいは他の関連者からの借入金	
		その他負債	
		資本金	
		未処分利益	
		総負債	
九、被投資外国企業から分配された配当金の情報			
本年度分配すべき配当金の金額	本年度実際に配当された配当金の金額		比率％
１２	１３		14=13/12

作成者（印鑑）：　　　　　　法定代表者（印鑑）：

対外支払情況表（表九）

金額単位：人民元（角まで）

項目	本年度海外への支払金額	そのうち：海外関連企業への支払金額	納付した企業所得税額	租税条約上の優遇を享受するか
１．配当				
２．利息				
３．リース料				
４．特許使用料				
そのうち：商標使用料				
技術使用料				
５．資産譲渡支出				
６．手数料				
７．デザイン料				
８．コンサルティング料				
９．訓練費				
１０．管理サービス費				
１１．工程請負金				
１２．建築据付金				
１３．公演料				
１４．認証検査費				
１５．市場開拓費				
１６．アフターサービス費				
１７．その他				
そのうち：				
合　計				

作成者（印鑑）：　　　　　　　法定代表者（印鑑）：

中華人民共和国企業年度関連業務往来報告表
記入説明

一．「中華人民共和国企業所得税」の第 43 条の規定に基づき、本報告表を制定する。
二．本報告表には、"関連関係表（表一）"、"関連取引総括表（表二）"、"仕入・販売表（表三）"、"役務表（表四）"、"無形資産表（表五）"、"固定資産表（表六）"、"融資資金表（表七）"、"対外投資情況表（表八）"、"対外支払状況表（表九）"の合計 9 枚の報告表が含まれる。
三．本報告表は、税務調査および租税徴収を実行する居住者企業、および、中国国内に機構・場所を設立し、実績に基づいて企業所得税を申告納付する非居住者企業が記入して報告する。
四．企業が税務機関に年度企業所得税納税申告表を報告する際、本報告表を合わせて報告しなければならない。
五．"納税者名称"：税務登録証に記入した納税者の名称。
六．"納税者識別番号"：税務機関が統一して審査・発給した税務登録証番号。

関連関係表（表一）：

一．"納税者識別番号"：関連者の所在国家または地域で納税申告に使用する納税者番号を記入する。
二．"国家（地域）"：関連者の所在国家または地域の名称を記入する。
三．"住所"：関連企業の登録住所および実際経営管理機構所在地の住所、または関連個人の住所を記入する。
四．"関連関係類型"：以下の関連関係基準に基づき、関連関係コードＡ, Ｂ, Ｃなどを記入する。複数の関連関係がある場合、複数の関連関係コードを記入する。
　Ａ．一方が直接または間接的に他方の持分の合計を 25％以上所有する場合、あるいは双方が直接または間接的に所有している同一の第三者の持分が 25％以上の場合。一方が仲介者を通して他方の持分を間接的に所有し、その仲介者の持分を 25％以上所有していれば、一方の他方への持分率は仲介者の他方への持分率に基づいて計算する；
　Ｂ．一方と他方（独立金融機関を除く。）の間の貸付金が一方の払込資本金の 50％以上を占める場合、または一方の借入金総額の 10％以上が他方（独立金融機関を除く。）により保証されている場合；
　Ｃ．一方の半数以上の高級管理者（董事会構成員と経理を含む。）、または董事会を支配できる董事会高級構成員が少なくとも 1 名、他方より任命されている場合、あるいは双方の半数以上高級管理者（董事会構成員と経理を含む。）、または董事会を支配できる董事会高級構成員が少なくとも 1 名、同一の第三者より任命されている場合；

D. 一方の半数以上の高級管理者（董事会構成員と経理を含む。）が他方の高級管理者（董事会構成員と経理を含む。）を兼任している場合、あるいは一方の董事会を支配できる董事会高級構成員の少なくとも1名が他方の董事会高級構成員を兼任している場合；
E. 一方の生産経営活動が、他方から提供される工業所有権、技術ノウハウ等の特許権に依存しなければならない場合；
F. 一方の購買または販売活動が他方により支配されている場合；
G. 一方の役務の受入または提供が他方により支配されている場合；
H. 一方が他方の生産経営、取引を実質的に支配し、あるいは双方がその他の利益上の関係にある場合。本条第1項の持分比率に達していないが、一方と他方の主要株主が基本的に同じ経済的利益を享受できる場合、あるいは家族、親族関係等を含む。

関連取引総括表（表二）：

一．本表は表三から表七までの総括情況表であり、その他取引類型の取引金額を除き、すべての取引類型の取引金額は表三から表七までの対応する取引類型の取引金額である。各表の間の関係は以下の通り。
　1. 材料（商品）仕入の欄1＝表三「仕入・販売表」第1項
　　　材料（商品）仕入の欄4＝表三「仕入・販売表」第4項
　　　材料（商品）仕入の欄7＝表三「仕入・販売表」第7項
　2. 商品（材料）販売の欄1＝表三「仕入・販売表」第8項
　　　商品（材料）販売の欄4＝表三「仕入・販売表」第11項
　　　商品（材料）販売の欄7＝表三「仕入・販売表」第14項
　3. 役務収入の欄1＝表四「役務表」第1項
　　　役務収入の欄4＝表四「役務表」第4項
　　　役務収入の欄7＝表四「役務表」第7項
　4. 役務支出の欄1＝表四「役務表」第8項
　　　役務支出の欄4＝表四「役務表」第11項
　　　役務支出の欄7＝表四「役務表」第14項
　5. 無形資産譲受の欄1＝表五「無形資産表」欄1の総計
　　　無形資産譲受の欄4＝表五「無形資産表」欄2の総計
　　　無形資産譲受の欄7＝表五「無形資産表」欄4の総計
　6. 無形資産譲渡の欄1＝表五「無形資産表」欄6の総計
　　　無形資産譲渡の欄4＝表五「無形資産表」欄7の総計
　　　無形資産譲渡の欄7＝表五「無形資産表」欄9の総計
　7. 固定資産譲受の欄1＝表六「固定資産表」欄1の総計

固定資産譲受の欄4＝表六「固定資産表」欄2の総計
固定資産譲受の欄7＝表六「固定資産表」欄4の総計
8. 固定資産譲渡の欄1＝表六「固定資産表」欄6の総計
固定資産譲渡の欄4＝表六「固定資産表」欄7の総計
固定資産譲渡の欄7＝表六「固定資産表」欄9の総計
9. 受取利息の欄4＝表七「融資資金表」欄8の合計1
受取利息の欄7＝表七「融資資金表」欄8の合計2
支払利息の欄4＝表七「融資資金表」欄7の合計1
支払利息の欄7＝表七「融資資金表」欄7の合計2
10. その他とは上記取引類型以外の取引の発生金額である。

二．"要求に基づき同時文書を準備したか：はい□　いいえ□"：関連規定に従って同時文書を準備した企業は"はい□"の□に✓をつけ、そうでない場合には"いいえ□"の□に✓をつける。

三．"同時文書の準備が免除される□"：同時文書準備が免除される企業は□に✓をつける。

四．"本年度、費用分担契約を結ぶ：はい□　いいえ□"：本年度費用分担契約を結ぶ企業は"はい□"の□に✓をつけ、そうでない場合には"いいえ□"の□に✓を付ける。

仕入・販売表（表三）：

一．"仕入総額"：本年度に企業が仕入した原材料、半製品、材料（商品）などの有形資産の金額を記入する。固定資産、工程物資、または低価格の消耗品は含まない。

二．"販売総額"：本年度に企業が販売した商品（材料）の売上額を記入する。

三．"来料加工"：受け取った加工費の金額を記入する。

四．"国家（地域）"：海外の関連者または非関連者が所在する国家または地域の名称を記入する。

五．"価格設定方法"：１．独立価格比準法、２．再販売価格基準法、３．原価基準法、４．取引単位営業利益法、５．利益分割法、６．その他の方法に分類し、対応する数字を本欄に記入する。もし、6と記入する場合には、備考欄に、使用した具体的な方法を説明しなければならない。

役務表（表四）

一．"国外役務収入"：企業が役務を提供し海外から取得した収入を記入する。

二．"国外役務支出"：企業が海外から役務を受けて支払った費用を記入する。

三．"国家（地域）"：海外の関連者または非関連者が所在する国家または地域の名称を記入する；

四．"価格設定方法"：1．独立価格比準法、2．再販売価格基準法、3．原価基準法、4．取引単位営業利益法、5．利益分割法、6．その他の方法に分類し、対応する数字を本欄に記入する。もし、6と記入する場合には、備考欄に、使用した具体的な方法を説明しなければならない。

融資資金表（表七）

一．企業が関連者から受けた債権性投資と権益性投資の比率＝年度中の各月平均関連債権投資の合計／年度中の各月平均権益投資の合計。そのうち：各月平均関連債権投資＝（関連債権投資の月初帳簿残高＋月末帳簿残高）／2；各月平均権益投資＝（権益投資の月初帳簿残高＋月末帳簿残高）／2。
二．定期融資取引ごとに分別して記入し、借入と貸出を同じ行に記入してはならない。
三．"国家（地域）"：海外の関連者と非関連者が所在する国家また地域の名称を記入する。
四．"利率"：融資の年利率で記入する。
五．"支払利息"または"受取利息"：発生主義に従って計算した支払利息および受取利息を記入する。支払利息には資産計上された利息を含む。

対外投資情況表（表八）

一．本報告表は外国（地域）企業の株を持つ中国居住企業に適用する。
二．"被投資外国企業の基本情報"：企業が投資した外国企業の基本情報を記入する。複数の外国企業に投資した場合、分別して記入しなければならない。そのうち、"人民元に対する為替レート"には、報告年度の12月31日の記帳通貨の人民元に対する為替レートの中間値を記入する。
三．"被投資外国企業の株式に関する情報"および"企業が所有する被投資外国企業の株式に関する情報"：外国企業の全株数と企業が所有する株数を、議決権付普通株、議決権なし普通株、優先株およびその他の株に類似する権益性資本などに分類し、期間により区分して記入する。
四．香港特別行政区、マカオ特別行政区および台湾地域で設立された企業は本表で言う"外国企業"に当たる。

海外への支払情況表（表九）

一．"本年度海外への支払金額"：本年度海外への実際に支払った金額を記入する。本年度の原価に計上した未払部分も含む。
二．"租税条約上の優遇を享受するか"："はい"または"いいえ"を記入する。

三．"納付した企業所得税額"：非居住者企業が納付した企業所得税金額を記入する。所得税納税をしない非居住者企業は"不適用"と記入する。
四．"配当"：権益性投資先に支払った投資収益を記入する。
五．"利息"：債権性投資先に支払った投資収益を記入する。
六．"リース料"：固定資産などの有形資産使用権を取得して賃貸先に支払った費用を記入する。
七．"特許使用料"：支払った特許権、非特許技術、商標権、著作権などの使用料を記入する。
八．"資産譲渡支出"：各種資産の所有権の取得に対して支払った金額を記入する。
九．"手数料"：商品の仕入・販売の成立を仲介した第三者に支払った費用を記入する。仲介料、手続料、手数料などが含まれる。
十．"デザイン料"：受託者に委託した建築物、工程、システム、ソフトウェアなどのデザインに支払った費用を記入する。
十一．"コンサルティング料"：コンサルティングサービスを受けて支払った費用を記入する。
十二．"訓練費"：業務技能、専門知識、システム操作、設備操作などの訓練に対して支払った費用を記入する。
十三．"管理サービス費"：各種管理サービスに対して支払った費用を記入する。
十四．"工程請負金"：組立の請負、検査などの工程作業、または関連工程項目の役務に対して支払った金額を記入する。
十五．"建築据付金"：建築、据付などの役務に対して支払った金額を記入する。
十六．"公演料"：海外の公演団体または個人に支払った、国内で行われた文学、芸術、体育などの公演の料金を記入する。
十七．"認証検査費"：品質、証書、製品検査などの役務に対して支払った費用を記入する。
十八．"市場開拓費"：市場開発、拡張、浸透等の役務に対して支払った費用を記入する。
十九．"アフターサービス費"：製品の検査、修理、整備などのアフターサービスに対して支払った費用を記入する。
二十．"その他"：上記に分類できない役務費用を記入する。そのうち主要な項目に対しては、下の欄に具体的な名称を記入する。

参考資料（2）

企業年度関連交易財務状況分析表

企業名（社印）　　　　納税者識別番号：□□□□□□□□□□□□□□□

単位：人民元

	xxxx 年				
	海外関連取引	国内関連取引	海外非関連取引	国内非関連取引	総計
（1）売上高					
（2）売上原価					
（3）税金および付加					
（4）売上総利益＝（1）－（2）－（3）					
（5）売上総利益率＝（4）／（1）					
（6）販売費用					
（7）管理費用					
（8）営業利益(財務費用と所得税控除前)＝（4）－（6）－（7）					
（9）営業利益率(財務費用と所得税控除前)＝（8）／（1）					
（10）財務費用					
（11）営業利益＝（8）－（10）					
（12）営業利益率＝（11）－（1）					
（13）その他業務利益					
（14）投資利益					
（15）受取補助金					
（16）営業外収入					
（17）営業外費用					
（18）税引前当期利益＝（11）＋（13）＋（14）＋（15）＋（16）－（17）					
（19）税引前当期利益率＝（18）／（1）					
（20）海外関連企業に支払う役務料金					
（21）国内関連企業に支払う役務料金					
（22）海外関連企業に支払う技術使用料					
（23）国内関連企業に支払う技術使用料					
（24）海外関連企業に支払う商標使用料					
（25）国内関連企業に支払う商標使用料					
（26）海外関連企業に支払うその他の費用					
（27）国内企業に支払うその他の費用					
関連企業に支払う費用の合計					

企業責任者署名：　　　　　　　　　　　記入日：

記入説明
1　本弁法規定により同時文書を準備する企業は本表に記入しなければならない。
2　欠損にはマイナス記号"－"を記入する。
3　本表は年度ごとに記入する。
4　企業が国内外の関連者に支払った役務料金、技術使用料、商標使用料、およびその他の料金の具体的内容、相手企業の名称、及び対価設定基準について、附記により説明しなければならない。
5　企業の国内関連者取引及び非関連者取引の原価配分方法について、附記により説明しなければならない。

参考資料（3）

企業比較性要因分析認定表

A企業名（社印）　　　　　納税者識別番号：□□□□□□□□□□□□□□□
B1企業名：　　　　　　　B2企業名：

比較要素	分類	認定項目	A企業	B1企業	B2企業
一、取引資産および役務の特性	(一)有形資産の譲渡	1.製品の物理特性			
		2.製品品質			
		3.製品数量			
	(二)役務の提供	1.役務の性質			
		2.役務の範囲			
	(三)無形資産の譲渡	1.取引の方法（例えば使用許可または譲渡）			
		2.資産の類型（例えば特許権、商標、または独占的技術）			
		3.保護期間と程度			
		4.当該資産を使用した場合の予想利益			
二、機能リスク分析	(一)研究開発	1.研究開発機能			
		2.研究開発リスク			
	(二)生産	1.生産機能			
		2.生産リスク			
	(三)マーケティング	1.マーケティング機能			
		2.マーケティングリスク			
	(四)販売および小売	1.販売および小売機能			
		2.販売および小売リスク			
	(五)管理その他のサービス	1.管理その他のサービス機能			
		2.管理その他のサービスリスク			
三、契約条項		1.書面契約の条項は経済実態と一致するか			
		2.書面契約の条項は合理的か			
		3.契約条項は比較性分析に実質的な影響を与えるか、影響がある場合は除去できるか			
四、経済環境		1.企業はどんな発展段階にあるか			
		2.製品はどんな発展段階にあるか			
		3.企業の地理的場所			
		4.市場規模			
		5.市場競争の程度（独占、寡占、完全競争など）			
		6.売買双方の相対的な競争地位(価格交渉の能力の有無)			
		7.代替商品あるいは役務の入手可能性			
		8.特定地域の需給水準			
		9.消費者の購買力			
		10.政府による市場規制の性質と範囲（優遇政策があるか）			
		11.生産原価(土地、労働力、資本)			
		12.輸送コスト			
		13.市場・経営段階(小売または卸売)			
		14.取引日時			

五、経営戦略	1.企業創業と新製品開発			
	2.経営多角化の程度			
	3.リスク回避			
	4.政治変動の評価			
	5.現行および実施が計画される労働法規の影響			
	6.市場参入計画			
	7.その他企業経営に影響する要因			

企業責任者確認署名：　　　　　　　　税務調査員署名：

記入説明

1. 税務機関は企業が作成した『企業比較性要因分析表』に基づく比較性分析を認定する際に本表を記入する。
2. 本表は、税務機関の比較要素分析認定の手本として使用し、実際の状況に応じてその具体的内容を増減あるいは修正することができる。
3. 本表でいうA企業とは被調査企業を指し、Ｂ１,Ｂ２等は全てA企業の比較企業を指し、また比較企業の数は実際状況に応じて増減することができる。
4. 本表は税務調査人員が審査、認定し、被調査企業の責任者が確認、署名、社印を押し、少なくとも２名以上の税務調査員が署名・確認する。被調査企業が拒否する場合、その理由を説明しなければならない。
5. 本表は、Ａ４縦、１部一式とし、税務機関がファイルする。

参考資料(4)

相互協議手続開始申請書

番号：

申請者基本状況	条約締結国所在の相手側	名称あるいは姓名（中・英文）			
		詳細住所（中・英文）			
		納税識別または登記番号		郵便番号	
		連絡先（中・英文）		電話番号	
		主管税務機関およびその住所（中・英文）			
	中国側	名称あるいは姓名			
		詳細住所		郵便番号	
		連絡先		電話番号	
		主管税務機関			
租税条約締結国、地域、あるいは特別行政区名称（中・英文）					

相互協議申請事由	案件事実：	
	争議の論点：	
	申請者の争議の論点に対する見方およびその根拠	締結国の争議の論点に対する見方およびその根拠

添付資料リスト（合計　件）：

声明：本申請書および添付資料に含まれる情報は真実、完全、および正確であることをここに謹んで声明します。

声明者署名・押印
年　月　日

処理手続情報（税務機関記入欄）

受理日		処理番号		機密度		受理機関押印
受理者		電話番号		緊急度		
総局が結果を返答した日		結果を申請者へ送達した日				
協議結果概要：						

参考資料（5）

事前確認正式申請書

＿＿＿＿＿＿＿税務局：
　「中華人民共和国企業所得税法」とその実施条例、「中華人民共和国税収徴収管理法」とその実施細則、ならびに中華人民共和国と＿＿＿＿国の政府の間で締結し実施される租税条約の関連規定に基づき、かつ貴局が＿＿＿年＿＿月＿＿日に当社に送達した「事前確認正式会談通知書」（＿＿＿税預約［　］号）の要求に従い、弊社と＿＿＿＿関連者との取引に関して事前確認の正式申請を提出いたしますのでご査収ください。

　添付資料：全＿＿＿部＿＿＿ページ
　1．
　2．
　3．

　　　企業名（社印）
　　　　　　　　　　　　　　　　　納税者識別番号：□□□□□□□□□□□□□□□
　　　法定代表者（署名・押印）
　　　　　　　　　　　　　　　　　　　　　　　　　　　年　　　月　　　日

使用説明

本申請書を記入、提出する際、少なくとも次の資料を添付しなければならない。

1　関連する企業グループの組織・機構、会社の内部組織、関連関係、関連者取引の状況；

2　企業の直近3年間の財務諸表、製品の機能および資産（無形資産および有形資産を含む。）に関する資料；

3　事前確認の対象となる関連者取引の種類および納税年度；

4　関連者間の機能およびリスクの分担状況。分担の根拠となる機構、人員、費用、資産等を含む；

5　事前確認に適用する移転価格設定原則および計算方法、ならびに当該原則および計算方法を裏付ける機能リスク分析、比較性分析および前提条件等

6　市場状況の説明。業界の発展傾向および競争環境を含む；

7　事前確認対象年度の経営規模、経営業績予測および経営計画等；

8　事前確認に係る関連者取引、経営計画、および利益水準などに関する財務情報；

9　二重課税等の問題に関わるか否か；

10　国内および国外の関連法規、租税条約等に係る問題；

■参考文献

川田剛　著『国際課税の理論と実務〔第5巻〕移転価格税制』税務経理協会、2010年10月

川田剛　著『国際課税の基礎知識〔八訂版〕』税務経理協会、2010年10月

川田剛　著『早見一覧　移転価格税制のポイント』財経詳報社、2008年1月

伏見俊行・楊華　著『中国　税の基礎知識－国際課税問題を起こさないために－』税務研究会出版局、2013年12月

近藤義雄　著『中国企業所得税の実務詳解』千倉書房、2012年1月

工藤敏彦　著『Q＆A中国進出企業の税務・会計詳解』清文社、2012年10月

あずさ監査法人中国事業室／KPMG編『中国移転価格税制の実務』中央経済社、2009年7月

あずさ監査法人中国事業室／KPMG編『中国子会社の投資・会計・税務』中央経済社、2012年6月

有限責任あずさ監査法人／KPMG編『早わかり　中国税務のしくみ』中央経済社、2013年3月

監査法人トーマツ編『中国の投資・会計・税務Q＆A〔第4版〕』中央経済社、2010年9月

有限責任監査法人トーマツ中国室　編『中日・日中　会計・税務・投資用語辞典（第2版）』中央経済社、2012年5月

税理士法人トーマツ　編『アジア諸国の税法（第7版）』中央経済社、2012年3月

プライスウォーターハウスクーパース　編『中国税務総覧―実務と対策』第一法規、2004年7月

池田博義　著『決定版　日中新法制度下のビジネス再構築―IFRS、移転価格、J-SOX、日中会計・税務、人事・労務、外貨管理』大蔵財務協会、2009年9月

株式会社マイツ／君澤君律師事務所上海分所　編『税理士が知りたい中小企業の中国進出ガイド』中央経済社、2013年4月

グラントソントン太陽ASG税理士法人中国デスク　著『図解　日中クロスボーダーM＆A・再編の実務』税務経理協会、2013年6月

森・濱田松本法律事務所　編『中国経済六法〔2014年版〕』日本国際貿易促進協会、2014年1月

北京市金杜法律事務所　劉新宇　編著『中国進出企業　再編・撤退の実務』商事

法務、2012年7月

経済産業省貿易経済協力局貿易振興課『新興国における課税問題の事例と対策（詳細版）』2013年9月

「浅川雅嗣・財務省総括審議官に聞くOECDにおける最近の議論―BEPSを中心に」、『月刊国際税務』国際税務研究会、2014年1月号、国際税務研究会

『月刊国際税務』国際税務研究会、2014年3月号

居波邦康「税源浸食と利益移転（BEPS）に関する我が国の対応に関する考察（中間報告）」2014年5月、『税大ジャーナル』

国家税務総局国際税務司　編著『非居名企業税収管理案例集』中国税務出版社、2013年3月

国家税務総局国際税務司　編『2013年版　国際税収業務手冊』中国税務出版社、2013年8月

周自吉　著『转让定价基础理论与实务操作』中国财政经济出版社、2011年3月

【編者紹介】
《税理士法人 山田＆パートナーズ》
■住所
〒100-0005　東京都千代田区丸の内1-8-1　丸の内トラストタワーＮ館８階
　　　　　　TEL：03-6212-1660

■所在地
［東京事務所］
〒100-0005　東京都千代田区丸の内1-8-1　丸の内トラストタワーＮ館８階
［名古屋事務所］
〒450-6046　愛知県名古屋市中村区名駅1-1-4　JRセントラルタワーズ46階
［関西事務所］
〒541-0044　大阪府大阪市中央区伏見町4-1-1　明治安田生命大阪御堂筋ビル４階
［福岡事務所］
〒810-0001　福岡県福岡市中央区天神2-14-8　福岡天神センタービル６階
［東北事務所］
〒980-0021　宮城県仙台市青葉区中央1-2-3　仙台マークワン15階
［札幌事務所］
〒060-0001　北海道札幌市中央区北一条西4-2-2　札幌ノースプラザ８階
［京都事務所］
〒600-8008　京都府京都市下京区四条通烏丸東入長刀鉾町20番地　四条烏丸ＦＴスクエア９階
［金沢事務所］
〒920-0856　石川県金沢市昭和町16-1　ヴィサージ９Ｆ
［静岡事務所］
〒420-0857　静岡県静岡市葵区御幸町11-30　エクセルワード静岡ビル13階
［広島事務所］
〒730-0013　広島県広島市中区八丁堀14-4　JEI広島八丁堀ビル９階
［海外拠点］
シンガポール共和国／山田＆パートナーズコンサルティング株式会社シンガポール支店
中華人民共和国／山田＆パートナーズコンサルティング（上海）有限公司
（中文名：亜瑪達商務諮詢（上海）有限公司）

ベトナム社会主義共和国／山田＆パートナーズベトナム有限会社

■沿革

1981年4月	公認会計士・税理士　山田淳一郎事務所設立
1989年7月	ＦＰ教育事業を柱とする（株）東京ファイナンシャル・プランナーズを設立
1995年6月	公認会計士・税理士　山田淳一郎事務所を名称変更して山田＆パートナーズ会計事務所となる。
1999年4月	優成監査法人を設立
2000年10月	（株）東京ファイナンシャル・プランナーズ上場
2002年4月	山田＆パートナーズ会計事務所を組織変更して税理士法人山田＆パートナーズとなる。
2005年1月	名古屋事務所開設
2007年1月	関西事務所開設
2010年12月	福岡事務所開設
2012年6月	東北事務所開設
2012年11月	札幌事務所開設
2013年11月	山田＆パートナーズコンサルティング上海を設立
2014年1月	京都事務所開設
2014年5月	弁護士法人Y&P法律事務所を設立
2014年11月	金沢事務所、静岡事務所、広島事務所開設

■業務概要

法人対応、資産税対応で幅広いコンサルティングメニューを揃え、大型・複雑案件に多くの実績がある。法人対応では企業経営・財務戦略の提案に限らず、M＆Aや企業組織再編アドバイザリーに強みを発揮するとともに、日系企業の海外進出や、現地法人の調査、相談対応についてもサポートを行う。また、個人の相続や事業承継対応も主軸業務の一つであり、相続申告やその関連業務（国際相続を含む）などを一手に請け負う。国際税務コンサルティングについても数多くの実績を有し、移転価格税制対応に関しては、日中両国において文書化を含めたコンサルティングサービスを提供している。

【執筆者紹介】

川田　剛（かわだ　ごう）

茨城県出身　税理士

昭和42年　東京大学卒業

昭和49年　大阪国税局柏原税務署長

昭和51年　人事院在外研究員（南カリフォルニア大学）

昭和53年　在サンフランシスコ日本国総領事館領事

昭和58年　仙台国税局調査査察部長

昭和62年　国税庁調査査察部国際調査管理官

　　同年　国税庁長官官房国際業務室長

平成 7 年　仙台国税局長

平成 9 年　国士舘大学政経学部教授

　　　　　学習院大学法学部講師

　　　　　税務大学校講師（国際租税セミナー特別コース）

　　　　　明治大学商学部・大学院講師

平成14年 6 月　税理士法人　山田＆パートナーズ　会長就任

平成15年　國學院大學経済学部教授

平成16年　明治大学大学院グローバル・ビジネス研究科教授

他に平成 9 年～現在

　　　　　日本公認会計士協会租税相談員（国際課税）

【主な著書】

『租税法入門（10訂版）』、『基本から学ぶ法人税法（六訂版）』（以上、大蔵財務協会）、『節税と租税回避－判例にみる境界線』、『国際租税入門　Q&A租税条約』（以上、税務経理協会）、『ケースブック　海外重要租税判例』、『早見一覧　移転価格税制のポイント』（以上、財経詳報社）など。他に著書・論考多数。

春田　憲重（はるた　のりしげ）
岐阜県出身　税理士
税理士法人　山田＆パートナーズ　代表社員／パートナー
亜瑪達商務諮詢（上海）有限公司　総経理

平成12年3月　　公認会計士・税理士　山田淳一郎事務所
　　　　　　　　（現　税理士法人　山田＆パートナーズ）入所
平成17年1月　　名古屋事務所長
平成18年12月　パートナー就任
平成23年9月　　北京、上海において語学留学
平成24年8月　　上海琳方会計師事務所有限公司　実務研修
平成25年12月　亜瑪達商務諮詢（上海）有限公司を設立、総経理就任
　　　　　　　　現在に至る

《検印省略》

平成27年3月20日　初版発行　　　　　略称：中国移転ハンドブック

中国進出企業のための移転価格税制ハンドブック

　　　　　　　　Ⓒ　税理士法人　山田＆パートナーズ
編　者　　　川田　剛　著
　　　　　　春田憲重　著

発行者　　　中　島　治　久

発行所　　　同文舘出版株式会社
東京都千代田区神田神保町1-41　　〒101-0051
電話　営業(03)3294-1801　　編集(03)3294-1803
振替 00100-8-42935　　http://www.dobunkan.co.jp

Printed in Japan 2015　　　　　　　印刷・製本：三美印刷

ISBN 978-4-495-17611-2

JCOPY 〈(社)出版者著作権管理機構 委託出版物〉
本書の無断複写は著作権法上での例外を除き禁じられています。複写される場合は、そのつど事前に、(社)出版者著作権管理機構（電話 03-3513-6969、FAX 03-3513-6979、e-mail : info@jcopy.or.jp）の許諾を得てください。